「カルト」はすぐ隣に

――オウムに引き寄せられた若者たち

江川紹子

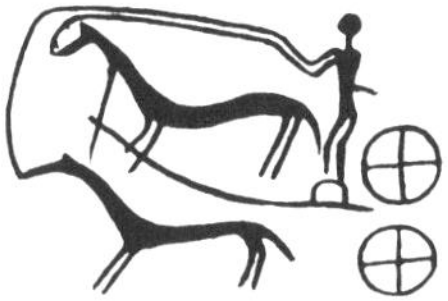

岩波ジュニア新書　896

はじめに

二〇一八年六月末から七月初めにかけて、西日本は豪雨災害に見舞われました。七月五日からは、停滞した梅雨前線に南から湿った空気が大量に流れ込んで大雨を降らせたため、九州や中国地方ではいくつもの自治体が避難指示・勧告を出すなどして警戒していました。

六日金曜日の朝も、多くの人の目が西日本の豪雨被害に向けられていました。

午前八時四一分。日本テレビ系列の情報番組「スッキリ」が突然、こんな速報テロップを表示しました。

〈速報　松本智津夫死刑囚の死刑執行手続き始める〉

「松本智津夫《ちづお》死刑囚」とは、オウム真理教教祖・麻原彰晃《しょうこう》の本名です。「死刑執行手続き始める」という部分は目立つよう、赤字になっていました。画面に赤紫色の服を着て話をしている麻原の映像が映し出され、三分後、報道局フロアからの特別番組に切り替わりました。

続いて、八時四五分にはＮＨＫが情報番組「あさイチ」の中で、速報をやはりテロップで報じます。

〈オウム真理教の元代表　死刑執行　麻原彰晃・本名松本智津夫死刑囚〉

ＮＨＫも番組を中断し、ニュースに切り替えました。さらに、同じく四五分にフジテレビが、四七分にはＴＢＳとテレビ朝日が、いずれも情報番組の最中に速報を行いました。各局とも予定を変更し、緊急特番を組みました。こうしてこの日のテレビはほぼ一日、死刑執行関連のニュースと豪雨に関する情報に占められることになりました。

死刑が執行されたオウム真理教関係者は、教祖一人ではなく、その後、続々と新たな情報が伝えられました。結局、この日の午前中に、次の七人が執行されたことが分かりました。

麻原彰晃こと松本智津夫（六三）　東京

中川智正（五五）　広島〈入信時二五歳〉

新実智光（五四）　大阪〈入信時二一歳〉

遠藤誠一（五八）　東京〈入信時二六歳〉

土谷正実（五三）　東京〈入信時二四歳〉

早川紀代秀（六八）　福岡〈入信時三六歳〉

井上嘉浩（四八）　大阪〈入信時一六歳〉

麻原以外の六人は、いずれも教団組織の各部門のトップを務めた幹部信者です。死刑囚の中でも、特に多くの事件に関与した者たちでもありました。

名前の下の数字は、執行当時の年齢です。みなさんのお父さんお母さんに近い年齢の人もいるのではないでしょうか。

その下の地名は、死刑執行が行われた拘置所です。死刑囚が受けるべき刑罰は、死刑の執行のみなので、逃げだしたりしないよう身柄拘束はされていても、禁固《きんこ》刑《けい》や懲役刑《ちょうえきけい》を受けた受刑囚とは違って刑務所には行きません。拘置所は主に、裁判が確定する前の人たちが収容される場所ですが、死刑囚は刑が確定した後も拘置所に留まり、そこで執行されます。死刑執行ができる拘置所は、全国に七カ所あります。

オウム真理教事件で死刑が確定した一三人は、全員東京の裁判所で審理を受けたので、ずっと東京拘置所にいました。共犯者の裁判が行われている間は、執行しないのが慣例になっていますが、一八年一月に、オウム事件最後の被告人の裁判が確定。三月に七人の死刑囚が執行施設のある仙台、名古屋、大阪、福岡拘置所に移されました。

同じ事件で、複数の共犯者の死刑が確定している場合、執行は同時に行うのが、暗黙の原則になっています。しかし、東京拘置所で一三人すべての執行を同時期に行うのはとても無理だと考えて、分散したのでしょう。

とはいえ、人の命を奪う重大な刑罰です。全員の執行を一日で行おうとすれば、いくら分散したとはいえ、一カ所で最大六人になります。拘置所職員にとっても負担が大きすぎます。ヨーロッパなど、死刑制度を廃止する国々が増えている中、一日にそれだけの大量執行を行えば、国際社会からも非難を受けかねません。法務省は理由を明らかにしていませんが、おそらくそういう事情から、教団の最高幹部であり、多くの事件にかかわった教祖ら七人を、まずは執行することになったと思われます。

それでも、一日に七人もの死刑執行は、過去にそう例がありません。戦後に限って言えば、私が知る限り、戦争責任を問う極東国際軍事裁判(東京裁判)で死刑が確定した東条英機元首相らA級戦犯七人が、一九四八年一二月二三日に巣鴨プリズンで執行されたケースがあるくらいです。

七人執行の衝撃が未だ冷めやらぬ同月二六日午前、残る六人の死刑が執行されました。

岡崎一明(五七)　名古屋〈入信時二五歳〉

横山真人(五四)　名古屋〈入信時二五歳〉

端本　悟（五一）　東京〈入信時二〇歳〉
林　泰男（六〇）　仙台〈入信時二九歳〉
豊田　亨（五〇）　東京〈入信時一八歳〉
広瀬健一（五四）　東京〈入信時二三歳〉

横山、林、豊田、広瀬の四人は地下鉄サリン事件の実行犯、岡崎《おかさき》と端本《はしもと》は坂本弁護士一家殺害事件などにかかわりました（岡崎は、オウムにいた頃は「佐伯」と名乗っており、死刑執行時には「宮前」に姓が変わっていました。また、林は執行時に「小池」姓になっていましたが、この本では裁判当時の姓で統一します）。

裁判で有罪となったオウム真理教関係者は、この一三死刑囚だけではありません。一九三人（特別指名手配となった被疑者を匿《かくま》って犯人蔵匿《ぞうとく》罪に問われた元信者を含む）が起訴され、無罪となった二人を除き一九一人の有罪判決が確定しています。六人が無期懲役刑で、今も服役中です。

教団が犯した犯罪行為は、実に多岐にわたっています。土地を購入した際に必要な届け出をしない。運転免許証を偽造して使う。許可なく他人のマンションに立ち入る。企業の研究所に忍び込んでデータを盗み出す。脱会しようとした信者を監禁する。人を拉致《らち》して財産を奪う。ＬＳＤや覚醒《かくせい》剤などの違法薬物や麻酔薬を密造・使用する。サリンを大量生産するための工場を造る。自動小銃を密造する……。

人に危害を加えたり、社会的影響が大きかった事件など、主なものを表にしてxvi頁に載せておきました。そのうち坂本弁護士一家殺害事件では、犯人はわずか一歳二カ月の赤ちゃんまで手にかけました。松本サリン事件では八人を殺害し、約六〇〇人に重軽傷を負わせました。地下鉄サリン事件では、乗客や駅員一三人が殺され、六〇〇〇人余りがサリン中毒にかかりました。その中には、今も寝たきりで重い後遺症に苦しんでいる人もいます。

オウムはなぜ、そんなことをしたのでしょうか。事件にかかわった人たちは、どうしてこのようなむごいことができたのでしょう。

これについては、追い追い触れていくつもりですが、その前に先ほどの死刑被執行者名の下に記載した、入信時の年齢をもう一度見て下さい。

一番若い人で一六歳。彼は、当時高校生でした。一八歳という人もいますね。彼は大学に入ったばかりでした。そのほかの人たちも、多くは二〇代でオウムに入信しています。

オウムの信者には、通常の生活をしながら、時々教団施設に通ったり、教団に寄付をしたりする「在家信者」と、学校や仕事を辞め、家族や友達とも縁を切って教団の中で生活する

「出家信者」がいました。死刑となった信者は、みな「出家信者」でしたが、「出家」前には医師として活躍していたり、会社員として評価されていたり、あるいは著名な大学、大学院で学んでいるなど、将来が期待されていました。

それを一切合切捨ててオウムのような集団に入るなんて、よほど変わった人たちだろう。そのうえ、麻原のような男の言うがままに犯罪に手を染め、死刑や無期懲役刑になるなんて、よほどおかしな人たちだったに違いない。自分たちとは関係ない――そう思う方は多いようです。無理もありません。オウムが引き起こした事件の数々は、あまりにも反社会的で非常識なものでした。

しかし、それにかかわったのは、本当に元々おかしな人たちだったのでしょうか。そういう人がより集まって事件を起こしたのでしょうか。

私は、多くのオウム裁判を傍聴し、罪に問われた当人だけでなく、彼らの親兄弟や友人・恩師の話を聞き、元信者や現役信者とも話をしてきましたが、これについては「違う」と言わざるをえません。

オウムに入る前の彼らは、この本を手にとって下さったあなたと同じように、善良な若者でした。普通以上に、自分の人生や社会のことを考える、まじめで心優しい人たちだったのです。

それがなぜ、あんなことを……？

裁判を傍聴しながら、この問いが、私の中でずっとぐるぐる回っていました。おそらく、事件に関与した当人たちもそうだったと思います。そして、その問いへの答えは、すんなり見つかりません。

入信時一六歳で、オウム死刑囚の中ではもっとも若年だった井上嘉浩《よしひろ》は、執行の朝、こんな言葉を残しています。

「こんなことになるとは思っていなかった」

これは、おそらく死刑になった元信者すべてに共通する思いでしょう。

オウム事件の裁判で、忘れられない場面があります。死刑囚の一人中川智正《ともまさ》が、教祖の裁判に証人として呼ばれた時のことです。弟子たちは、自分が関与したことは、努めて事実を語っているのに、麻原は事件について何も語ろうとしませんでした。そんなかつての師に対し、中川は事件を起こした理由などを説明するよう懇願《こんがん》しました。そして最後に、こう言って号泣したのです。

「私たちは、サリンを作ったりとか、サリンをばらまいたりとか、人の首を絞めて殺したりとか、そういうことのために出家したんじゃないんです」

中川は、オウムに入る前は、患者にやさしく親切と評判の医師でした。それが、オウムに〝出家〟してまもなく、坂本弁護士一家殺害の実行犯となりました。

彼らは、どうしてオウムに引き寄せられてしまったのでしょう。なぜ殺人の指示まで唯々《いい》諾々《だくだく》と従い、多くの人を苦しめ悲しませるだけでなく、自分たちの命まで縮めることになってしまったのでしょう。

繰り返し浮かんでくるこの問いに、正解が見つかるかどうか分かりません。それでも、あえて考えることで、多くの犠牲を出したオウム事件の教訓を、皆さん方と共有したいと思います。

目　次

イラスト＝岡野賢介

事件名	概要
自動小銃密造	ロシア製AK-74式自動小銃の模倣品を製造しようと，1994年6月から部品を製造．翌年1月までに1丁組み立てた
江川ホスゲン＊	1994年9月，教団が引き起こした事件を週刊誌で報じた江川紹子を殺害しようと，自宅室内にホスゲンガスを噴霧
駐車場経営者 VX殺人未遂	1994年12月，教団を逃げ出した脱会信者を匿った男性(82)を殺害しようと，後頭部にVXをかけて重傷を負わせた
大阪会社員VX殺害	1994年12月，教団に対するスパイと思い込んだ会社員の男性(28)の後頭部にVXをかけて殺害
被害者の会会長 VX殺人未遂	1995年1月，信者の親らで結成する被害者の会会長を殺害しようと，後頭部にVXをかけて重傷を負わせた
目黒公証役場事務長 拉致監禁致死	1995年2月，在家信者の資産家女性が連絡を断ったため，居所を聞きだそうと兄を拉致し，薬物を使って監禁中に死亡させた
地下鉄サリン	1995年3月，東京の地下鉄5本にサリンをまき，13人が死亡，6000人余りが重軽傷を負った
都庁郵便物爆弾	1995年5月，警察の捜査を攪乱し，教祖の逮捕を妨害するため，都知事宛てに小包爆弾を送付．都庁職員1人が重傷を負った

① ＊は刑事事件として立件されなかった

② (　) 内は，年齢

③ 地名・年齢等は事件当時のもの

オウム真理教が引き起こした主な事件

事件名	概要
信者死体遺棄＊	1988年9月，修行中に誤って死亡させた男性信者M(25)の遺体を教団内で焼却
信者殺害	1989年2月，M死体遺棄にかかわった男性信者T(21)が脱会しようとしたため，事件発覚を恐れて殺害
坂本弁護士一家殺害	1989年11月，信者の親の依頼で教団と交渉していた坂本堤弁護士(33)の家に押し入り，妻(29)，長男(1)と共に殺害
国土利用計画法等違反	熊本県波野村(現・阿蘇市)の土地購入に違法があり，1990年10月，熊本県警が強制捜査し，教団幹部5人を逮捕
サリンプラント建設	サリンを大量に生成するため，1993年11月頃から翌年12月にかけ，山梨県上九一色村(現・富士河口湖町)の教団施設にサリン製造プラントを建設
元信者殺害	1994年1月，病気の信者を助け出そうと教団施設に侵入した元信者O(29)を殺害し，遺体を焼却
宮崎県旅館経営者拉致	1994年3月，信者の父親の資産を奪うため，薬物を使って拉致し，東京都内の教団医療施設等に約5カ月間監禁
滝本サリン	1994年5月，信者の脱会支援活動を行っていた滝本太郎弁護士の車のフロント付近にサリン溶液をかけて殺害を謀った
松本サリン	1994年6月，長野県松本市の住宅街にサリンを噴霧させ，8人が死亡，約600人が重軽症

1章

悩みの隣にオウムがあった

グル、グル、グル

朝夕のラッシュアワー／時につながれた中年達／夢を失い／ちっぽけな金にしがみつき／ぶらさがってるだけの大人達

工場の排水が／川を汚していくように／金が人の心をよごし／大衆どもをクレージーにさす……／時間においかけられて／歩き回る一日がおわると／すぐ、つぎの朝／日の出とともに／逃げ出せない、人の渦がやってくる

救われないぜ／これがおれたちの明日ならば／逃げ出したいぜ／金と欲だけがある／このきたない人波の群れから／夜行列車にのって……

「願望」と題するこの詩（一九九五年六月一一日付『朝日新聞』より）は、オウム真理教の

事件で死刑に処せられた井上嘉浩が、中学三年生の時に書いたものです。当時、若者たちに絶大な人気だったシンガーソングライターの尾崎豊に、井上少年も心酔していました。この詩も、尾崎の影響が色濃く出ていると言えるでしょう。

これを書いた頃の井上には、これといって将来の夢がありませんでした。大人になったらなりたい職業も、憧れる生き方も、見つからなかった、といいます。

しばしば夫婦喧嘩《げんか》をする両親など、周りの大人たちを見ても、生きることは苦しいことではないか、と思えてなりませんでした。大人社会にはずるさを感じ、空しさも覚えました。大人にはなりたくない。そう思っても、人は次第に成長していきます。そのことが怖くもあり、嫌でもありました。

けれども、そういう思いや悩みは、誰にも打ち明けることができませんでした。学校の友達とは、当たり障りのない話をして、それなりに仲良くつきあっていましたし、いじめの対象になったわけでもありません。毎日の生活には楽しいこともたくさんありました。でも、何かごまかされているような気もしたし、自分自身が正直に生きていないような感じもしていました。

自分がいったい何者なのか分からないという不安も増して、「本当の自分」を探したい、という思いにかられました。けれども今の世の中では、本当の自分は見つけられないような気もしてなりませんでした。自分の心の中にあるモヤモヤをうまく形にして表現することはできず、どうしたらいいのか、答えもなかなか見つからず、焦りが募ります。こうした違和感や焦燥感を抱え込んだまま、日々を過ごしていました。

そんな状況だったからこそ、社会や大人に対する痛烈な批判、怒りや抵抗、そして若者のやるせない気持ちを代弁した尾崎の歌に引きつけられたと言います。

裁判で、井上はこう語っています。

「僕の心の中にあった形にならない不安や不満を、歌という形にしてくれた。聞いた時、心のモヤモヤが分かったような、昇華されたような気になりました」

歌には入れ込みましたが、自由を得るために人のバイクを盗んで走ったり、校舎の窓ガラスを割ったりといった、尾崎の歌(「15の夜」「卒業」)にあるような逸脱した行動には出られませんでした。井上は、親思いの、とてもいい子だったのです。

特に、小さい頃から、母親を大切にしていました。

父親は旅行会社に勤務する会社員で、海外出張が多く、土曜日曜も仕事に出ていることがしばしば。母親は、留守中に起きる問題に一人で対応しなければなりませんでした。母親にとって最大の悩みの種は夫の弟でした。経済的な負担を含め、何かと頼りにされ、保証人として借金の肩代わりをすることもありました。母親は体が丈夫でなく、トラブルに一人で対処しなければならないのは重荷でした。心労が溜まって、井上が幼い頃にガス自殺を試みたこともありました。それ以降、井上は母親が心配で、いつも寄り添っていました。

母親は、彼にしばしば愚痴をこぼしました。長男より次男である彼を相手にした理由を、母は、「嘉浩はやさしかったから、つい頼ってしまった」と述べています。そして「(息子が)安心してくつろげる家庭を作ってあげられなかった」と、法廷で自らを振り返って悔やみました。

出張から帰ってきた父に母が不満をぶつけ、しばしば夫婦喧嘩になりました。そのたびに井上は母に同情し、「お父さんはなんでお母さんをいじめるんだろう」と思うのでした。

しかし、成長するにつれて、彼の父親への見方も変わっていきました。弟の面倒を自分の妻に見させるのも、父親が根は兄弟思いのやさしい人だからと分かってきました。友達の家と比べても、自分の父親はまじめで努力家だと思えるなど、よい所も見えてきました。そんな父親に認めてもらいたい、という気持ちも芽生えてきました。

いい子でいたい。親に心配させたくない。ある程度の成績をとって、まじめにやっていることを理解してもらいたい。そんな気持ちの一方で、そういう自分は仮面をかぶって生きているのではないか、という罪悪感にも似た違和感も覚えるのでした。

それもあってでしょうか、井上少年は自分に自信がなく、学校の友達に対してもやや遠慮がちなところがありました。もっと自分に自信を持ちたい。そんな思いで、中国の武術を習い始めました。

それをきっかけに、精神世界にも興味が生まれ、仙人になるための修行法である仙道やヨガなどにも関心が広がりました。そして、仏教系の新興宗教の本を読み、見よう見まねで修行もやりました。インドの「聖者」と呼ばれる人々や、彼らが「奇跡」を起こす「霊性」と呼ばれる特別な能力にも心が引かれ、様々な本や雑誌の記事を読み漁《あさ》りました。

高校は、仏教系の進学校に進みました。その後も、自分の中の霊性を開発したい、という思いは募る一方でした。仏教系新興宗教の修行は続けていましたが、霊性が進化した実感は得られず、焦りを感じていました。

そうした時にオカルト情報誌で、麻原彰晃がインドを訪れ現地の「聖者」と交流した、との記事を読んで興味を覚えました。その後、麻原の最初の著書『超能力「秘密の開発法」』(大和出版)を本屋で見つけ、買いました。表紙には、麻原が足を組んだまま飛び上がっている写真が大きく載り、「なんと空中にとどまっていた」という説明文がついていました。

その写真を見ると、麻原の髪は逆立っており、普通に考えれば、宙に浮いているというより、上から落ちるところを撮ったものなのでしょう。けれども、当時この本を手にとった若者の中には、本当に麻原が空中浮揚《ふよう》をしたと思い込んだ者もいて、井上もその一人でした。

本には、麻原が原始仏教とヨガの修行によって、超能力を獲得したと書かれていました。その特別な力の一つに、自分のエネルギーを弟子に注ぎ込んで能力を開発させるという「シャクティパット」を挙げ、それを受けた弟子たちの体験談も載っていました。

井上は、夢中になってこの本を読みました。自分も同じ修行をやってみたい、シャクティパットを受けて特別な体験をしてみたいと、いてもたってもいられない気持ちになりました。はやる気持ちを抑えられず、当時「オウム神仙の会」と名乗っていた教団に入会しました。京都に住んでいた井上は、ヨガの修行法を書いたテキストに、麻原の指導が録音されたカセットテープがセットで送られてくる通信教育でオウムの修行を始め、合宿で行われるセミナーにも参加しました。

この頃のオウムは、宗教団体というよりも、ヨガ教室としての色彩が強く、後には「尊師」の尊称がつく麻原も、まだ「先生」と呼ばれていました。それでも、弟子にとって先生は「グル(師、指導者)」として絶対的な存在であって、グルとのつながりは修行のうえで何より大切だと教えられました。

井上は麻原に心酔し、毎日四、五時間の修行をするようになりました。激しい呼吸法を繰り返し、麻原を頭上にイメージする瞑想法《めいそうほう》を行い、こんな言葉で始まる祈りの言葉を大きな声で何度も唱えました。

「グル麻原よ。私は、あなたなくして生きていくことはできません」

当時の心境を、井上は後に裁判でこう語っています。

「絶えず麻原のこと、麻原の意思は何かを考えていました。寝る前にも「グル」。起きると「グル」。学校でぼーっとしている時にも「グル」。いつの間にか、頭の中は「グル」「グル」「グル」……と」

彼は、高校を卒業すると、そのままオウムに「出家」します。オウムの場合、「出家」とは社会や家族とのつながりを断ち、すべての財産を寄付し、教団施設で寝起きし、もっぱら修行や教団のための作業をする生活を一生送ることを言います。

いったい何が、高校生の少年の心を、そこまで引きつけたのでしょうか。それを考えるためにも、まずは、彼がそこまで信じてしまった麻原彰晃とは何者なのか、見ていくことにしましょう。

教祖、麻原の生い立ち

一九五五年(昭和三〇)年三月二日、熊本県八代郡金剛村《やつしろぐんこんごうそん》(現在の八代市)の畳職人の家に、一人の男の子が生まれました。

智津夫と名付けられます。姓は松本。後に、オウム真理教の教祖麻原彰晃と名乗る男の誕生です。

戦争が終わって一〇年近くが経過していました。日本経済は急速に復興を遂げ、五四年暮れに「神武景気」が幕を開けます。五六年には、『経済白書』が「もはや戦後ではない」と高らかに宣言します。そんな戦後の高度経済成長が始まった時期でした。

放送が始まって間もないテレビは、まだ家庭には普及しておらず、街頭テレビのプロレス中継が人気でした。五四年には特撮怪獣映画の草分けである『ゴジラ』が封切られています。

ただ、世間の好景気をよそに、松本家の家計は楽ではなかったようです。畳職人といっても店を構えて畳屋を営んでいるわけではなく、作業をする土間と二部屋の借家住まいなのに子だくさん。智津夫の上には兄三人に姉二人がおり、下には弟が二人産まれ、八人きょうだいとなりました。

智津夫は小学校一年の秋に、県立盲学校に転校しました。彼は、生まれながらに左目がほとんど見えませんでした。右目は一・〇ほどの視力がありましたが、視野狭窄《きょうさく》の障害がありました。当時、盲学校は視力が〇・一未満の子どもを対象にしていましたが、目に障害があったり、将来失明する可能性のある子どもは受け入れていたのです。

全盲で盲学校に通っていた一二歳上の長兄が、弟の将来を案じて盲学校を勧めたようですが、それとは別に、貧しい家の事情もあったと思われます。

智津夫を受け持ったことのある元教師は、こんな話をしています。

「盲学校に入れれば、国から就学奨励費という補助がもらえます。寮があり、収入が少ない家庭の子は食費がタダになる。兄の経験で、そのことがわかって、口減らしの意味もあったのではないでしょうか。それくらい、彼の家は貧しかったんです。家庭訪問したことがありますが、本当に小さな家に、家族が身を寄せ合って暮らしている感じでした」

制服も、他の生徒のお下がりを着ていました。週末も、自宅に帰ることなく寮に残り、両親が学校を訪ねてくることはありませんでした。

そうした家庭事情の反動か、彼は子どもの頃から金に対する執着が強かったようです。

「金持ちにならにゃあ」が口癖。就学奨励費などは使わずにせっせと貯め、同級生に金品をせびることがしばしばありました。そうして卒業時には三〇〇万円もの貯金をしていたといいます。

盲学校の中で、目が見える、というのは大きな強みでした。駅や道路の点字ブロックや音声案内はなく、目が不自由な人の活動範囲は限られていた時代だから、なおさらです。

先の元教師はこう言います。

「全盲の子は、見える子に手引きをしてもらいたくて、ちやほやしてしまう。特に、高校生くらいになると、町に遊びに出たいですから。喫茶店でコーヒーも飲みたい。時には外でおいしいものを食べたい。でも一人では、なかなか行かれない。それで『俺がコーヒー代おごる、食事代おごるけん、連れて行って』となるんです」

しかも体格がよくて、腕っ節も強い彼は、同級生や下級生にとって、命令されると断れない、怖い存在でもありました。

教師や寄宿舎の寮母など大人たちは、反抗的で口の立つ彼には手を焼きました。

ある時、寄宿舎の消灯時間を過ぎ、消したはずの灯りが再び灯されていました。それが幾晩も続いたので、寮母が調べてみると、智津夫が同室の者に命じてやらせていたのでした。

寮母が注意すると、智津夫はこうすごんでみせました。

「宿舎ば焼いて、明るくするぐらいのこつ、やってやっぞ」

生徒指導の教師が注意すると、こう反論しました。

「俺が付け火ばしとるか。どこに火が燃えとるですか。「撃ち殺すぞ！」て言うてん、実際に撃ち殺さん限りは、何も法には触れん。言うだけなら勝手や。先生たちから調べらるる理由はなか」

そんな彼ですが、一方で校則を破って叱られた同級生のために、先生に食ってかかるような、仲間思いの面もあったようです。

先ほどの元教師の話です。

「仲間はずれにされている子なんかがいると、その子の話を徹底的に聞いてやって、かわいがる。そんな面倒見のいいところがありました。その一方で、自分の言うことをきかない子を殴りつけて、鼓膜《こまく》が破れるほどのケガをさせたこともありました」

ワンマンな親分肌で、人の上に立ちたい欲求も強かったようです。小学部五年の時に、児童会の会長に立候補しました。寮でおやつに出るお菓子を、同級生や下級生に献上させて貯めておき、自分に投票するように言って配る、買収工作まがいのことまでやりましたが、落選しました。彼は激しく落胆し、先生が妨害したせいだ、と言って責めたのです。

中学部の時にも生徒会長に立候補しましたが、この時は、泣いてみんなに訴えたのですが、やはりだめでした。この時も、智津夫は落選にひどくがっかりしていたそうです。怖いので面と向かって逆らわないけれど、投票の秘密が守られる選挙では、彼には入れたくないというのが、同級生や下級生たちの本音でした。

智津夫が一七歳の時、田中角栄が内閣総理大臣に就任しました。当時、田中は五四歳。戦後最年少の首相就任でした（その後、安倍晋三が五二歳で首相に就任してその記録を抜きます）。田中は新潟の農家出身。家が貧しく、進学を諦めて高等小学校を卒業した後は働きに出た苦労人です。高等教育を受けていない田中が初めて日本の政界トップに立ち、「今太閤」などともてはやされました。支持率は一時七〇パーセントを超え、著書『日本列島改造論』（日刊工業新聞社）や『自伝 わたくしの少年時代』（講談社）はベストセラーになりました。智津夫も、田中の本を読みふけりました。

高等部の時に柔道部に入った智津夫は、その後の専攻科を修了する前に、二段を獲得しています。体格が恵まれていただけでなく、運動が得意で、努力家でもあったのでしょう。

卒業前には「おれは東大法学部に入って、政治家になる。いつかは総理大臣になってみせる」と宣言。一四年間の盲学校生活を終えた時、智津夫は二〇歳になっていました。

麻原の野望

卒業後、松本智津夫はいったん東京に出ますが、すぐに熊本に戻り、長兄が経営していた鍼灸院《しんきゅういん》兼漢方薬局で、鍼灸・マッサージ師として手伝いをします。鹿児島県で働いた期間もありました。大学に進みたいという気持ちは続いていたようで、仕事の合間にラジオ講座などを聴いては受験勉強をしていたようです。

その後、長兄から資金援助を受けて上京。受験予備校「代々木ゼミナール」に入ります。まもなく、同じ予備校に通っていた、三歳下の女性と知り合いました。二人は恋人となり、結婚しました。この時、新妻のお腹には、新しい命が宿っていました。二人は、生活を築くために大学受験は断念したのでしょう。千葉県船橋市内に新居を構えました。

智津夫は、まずは鍼灸院を開き、その後鍼灸院兼漢方薬局を営業するようになります。ダイエットブームに目を付け、耳のツボに鍼《はり》を打って痩せさせるという痩身術《そうしんじゅつ》やダイエット食品の販売などで、大いに繁昌したようです。

ところが、知り合いの医師から白紙の処方箋《しょほうせん》を手に入れて、薬剤報酬を請求した不正が発覚。千葉県から六七〇万円の返還を求める裁判を起こされたため、店をたたみ、別のところで漢方薬局を始めました。そこで、材料をとりよせ自分で調合した「薬」を、三万円から六万円で売るようになりました。

「リューマチ、神経痛、腰痛が三〇分で消える」

そんな見出しがおどるチラシをあちこちに配り、都心のホテルの会議室を借りて出張販売も行いました。智津夫のセールストークはうまく、よく売れたようです。関東一円の約一〇〇〇人に売って、約四〇〇〇万円を稼ぎました。「金持ちにならにゃあ」という、子どもの頃からの願望は、順調に実現しているかのように見えました。

しかし、国の承認を得た医薬品でもないのに、病気が治るかのような効能をうたうことは、法律で禁じられています。警察が捜査を始めると、「効き目がないどころか下痢をした」などと被害を訴える声も相次ぎました。

智津夫は、薬事法(当時)違反の疑いで逮捕されます。二〇日間勾留された後、罰金二〇万円の略式命令を受けました。略式命令とは、比較的軽い事件で、被疑者が認めている場合に、法廷を開かず書面だけでの裁判で刑罰を決める略式手続きで出されるもので、通常の裁判の判決にあたります。不服があれば、本裁判を開いてもらうこともできるのですが、智津夫はこの罰金刑を受け入れました。

事件は新聞でも報じられ、催眠商法で「ニセ薬」を「万能薬だ」と売り付けた、と書かれています。妻は世間の目を恐れて、家に引きこもりがちになっていきました。智津夫にとって、これは大きな挫折でした。

鍼灸や漢方の知識を利用した商売の一方で、智津夫は宗教にも関心を向けていました。逮捕された時には、仏教系新興宗教に入信していました。その後、経営塾と宗教団体を運営していた人物に弟子入りします。ここで、宗教をビジネスにする術を学んだのかもしれません。「彰晃」の名前をその人からもらったそうです。後に「麻原」の名字を自分でつけて、麻原彰晃と名乗るようになりました。

一九八四年二月、麻原は東京都渋谷区でヨガ道場「オウムの会」を立ち上げ、その三カ月後に「株式会社オウム」を設立しました。「オウムの会」は、まもなく「オウム神仙の会」と名前を変えています。ここでヨガ教室を開きながら、健康飲料の販売なども行っていたようです。ここに、後にオウム真理教の幹部となる女性たちが一人、また一人とやってきて弟子入りしました。

麻原彰晃の名前が、活字になって世に知られたのは、翌八五年でした。オカルト雑誌『トワイライトゾーン』(ワールドフォトプレス)一〇月号で、空中浮揚に成功した「独立独行のヨガ修行者」として大きく紹介されたのです。カラーグラビアで、足を組んだまま空中に飛び上がったシーンやヨガのポーズをとった写真が何枚も掲載され、こんな彼の言葉が紹介されました。

「浮き上がりから着地まで三秒程度ですが、この滞空時間は徐々に伸びています。あと一年ほどすれば、空を自在に飛べるようになるはずです」

もちろん、空を自在に飛んだ彼の姿は、誰も見ていません。

同じ号では、麻原に関して六頁にわたる「不思議体験レポート」も掲載されています。そこには、こんな内容の記述もありました。

麻原は、「地球はこのままでは危ない!」という神の声を聞いた、と言うのです。神は彼に向かって「あなたを、アビラケツノミコトに任じます」とも言った、とのこと。彼が調べてみると、「アビラケツノミコト」とは「神軍を率いる光の命《みこと》」であり、戦いの中心となる者だと判明したそうです。記事は、その神のお告げに従って「最終的な国」づくりを目指すという麻原のコメントを紹介し、こう書いています。

「それゆえ麻原氏は自分を神に変える修行をし、「完璧な超能力者の集団」とシャンバラ王国を設立すべく、神軍を率いて戦うのだ」

シャンバラとは、伝説上の仏教国のことですが、理想郷を意味する言葉でもあります。

麻原は、弟子たちにも「戦い」について語っています。一九八六年にオウムに入信し、後に地下鉄サリン事件にもかかわることになる杉本繁郎《しげお》は、麻原がこんな話をしていたのをよく覚えています。

「将来、組織を大きくすることを考えている。武力と超能力を使って国家を転覆することも計画している」

それを聞いても、杉本たちは何の警戒心も抱きませんでした。後に、杉本はこう語っています。

「なんとなく、宗教都市みたいなのを建設しようとしているのかなあ、と。でも、なんか、ちょっとよく分からない。なんだか夢物語みたいな感じで……」

記事を書いた記者も、話を聞いた信者も、まさか麻原が本当に社会に戦いを挑むとは、思っていなかったのでしょう。

しかし彼は、本気だったようです。

その後、彼は「日本シャンバラ化計画」なるものをぶち上げました。そして、「ハルマゲドン(大破局)が迫っている。時間がない」と言って信者を追い立て、化学兵器や自動小銃を密造させます。教団が独自の国づくりをし、ゆくゆくは武力で日本を支配して、その王にまでなることを夢見たのです。

〝神軍〟を率いて戦い、自分にとっての理想郷を作る——それは、オウムのごく初期からの麻原の野望でした。

ポアと称する殺人

オカルト雑誌で大々的に売り出した後、麻原はこの雑誌の常連執筆者となりました。インドで聖者と呼ばれる人たちの所を訪ねたり、チベット仏教の僧侶のもとを訪れたりして、レポートを書きました。さらには、ヨガの技法について解説したり、未来についての予言を披露したりもして、毎号のように登場するようになりました。

当時、オカルト好きの若者たちに、この雑誌と並んで人気だった月刊誌『ムー』(学習研究社。現・学研プラス)にも、麻原は書くようになりました。

そのほか、オウムは若い男性向けの雑誌『週刊プレイボーイ』(集英社)に売り込み、カメラマンに麻原の「空中浮揚」を撮影してもらいました。もちろん、「ふわりと浮く」ことなどできるはずはありません。膝の力を使って、思い切り飛び上がった瞬間を捉えたその写真の顔は、目をぎゅっとつぶり、歯を食いしばっていました。それでも、「日本人ヨガ行者の《空中浮揚》実験レポート!!」として写真と記事が載り、そこに教団の連絡先も書かれました。

こうした媒体は、新たな会員を集める、格好の宣伝手段でした。会員はしだいに増えていきました。

一九八五年一一月、神奈川県丹沢山麓《さんろく》の山荘を借り切り、合宿で集中的なヨガ指導を行う最初の「丹沢セミナー」には、八〇人を超える人が参加しました。丹沢セミナーは、翌年八月にも開かれ、高校生だった井上嘉浩が初めて参加しています。

この時の麻原の印象を、井上は後に裁判でこう語っています。

「非常に優しそうな感じ。一切を拒否しない、何もかも受け入れる、そんな包容感を感じました」

他の信者の話でも、この頃の麻原は、威張ったり、恐怖心をあおるような話をしたりすることはなかったようです。それどころか、夜遅くまで一人ひとりの話を丁寧に聞き、それぞれの状態に応じて、アドバイスをしていた、といいます。麻原自身もヨガの修行をしており、体も引き締まっていました。

井上は、「非常に雰囲気はよくて、とにかく何て優しそうな人たちが集まっているんだ、と思いました」と語っています。

その後、麻原は「ヒマラヤで最終解脱《げだつ》した」と言い出し、少しずつ宗教色を強めていきます。

平和なヨガサークルの雰囲気を残した一九八七年一月の丹沢セミナーで、彼は初めて殺人を肯定する説法を行っています。グルの指示に忠実に従うことで修行が進む、という例として、チベットの昔の修行者ミラレパが、師匠に「あの盗賊《とうぞく》を殺してこい」と指示されて実行した、という話を持ち出したのです。そして、こう言いました。

「グルのためだったら死ねる。グルのためだったら殺しだってやるよ、と。グルがやれといったこと全てをやることができる状態。それは殺人も含めて、功徳《くどく》に変わるんだよ。私も過去世(前世)において、グルの命令によって人を殺しているからね。グルが殺せと言うときは、相手はもう死ぬ時期に来ている。そして、弟子に殺させることによって、その相手をポアさせる。一番いい時期に殺させるわけだね」

「ポア」という言葉は、オウムの中では、魂を高い世界に移し替えるという意味で使われていました。この時の説法でグルの判断であれば、殺人も「ポア」として肯定される、と述べたのです。

では、グルの判断が間違っていたら、どうするのでしょう?

麻原の教えは、グルは間違うことはない、というのが大前提でした。グルは常に絶対正しいのだから、疑いを持たずに、言われた通りに実行するのが、弟子として正しい道なのだ、というのです。後に詳しく述べますが、オウムによる多くの犯罪の基本的構図をここに見てとることができます。

ただ、この時点では、聞いていた弟子たちは誰も、殺人容認が現実になるとは思いませんでした。なにしろ、ミラレパは一〇〇〇年近く昔の人です。伝えられている生涯の物語も、どこまで本当のことか、誰も確かめられません。教祖の説法は、修行の厳しさを教え、何があってもグルに付き従う覚悟を求めるたとえ話だと、弟子たちは受け止めました。

最初の事件

八七年六月頃、名称を「オウム真理教」と変えてから、教団はさらに宗教色を強めていきます。麻原は「尊師」と呼ばれて崇《あが》められます。信者には、お布施《ふせ》や教団の活動を手伝う奉仕活動が求められるようになりました。「出家信者」も増えていきました。

翌年には、静岡県富士宮市の富士山がよく見える場所に、総本部道場を建設しました。教団を宗教法人として認めてもらうための交渉を、東京都と始めていました。宗教法人となれば、宗教活動で得た収入については税金を納めなくていいなどの特典があります。

八八年九月のある日、富士山総本部道場で事件が起きます。一〇〇日修行という厳しい修行をしていた二五歳の男性信者の様子が、急におかしくなったことがきっかけでした。大きな声で叫んだり、道場内を走り回ったりし始めたのです。

「頭を冷やしてこい」

この麻原の指示で、何人かの幹部信者が、男性を風呂場に連れて行き、頭を何度も水に浸けました。やり過ぎたのでしょう。いつの間にか、男性の息は止まっていました。人工呼吸も試みましたが、息を吹き返しません。

麻原は、一部の幹部と妻を集め、こう言いました。

「このことを警察に届けるか。しかし、せっかく教団の勢いが出ている時だし、公になれば救済計画も大幅に遅れるなあ。ここはどうだろうか、内々に処理した方がいいんじゃないか」

事件が表沙汰になれば、宗教法人の認証手続きが遅れてしまうのではないか、と麻原は恐れていました。

この麻原の言葉に、妻が賛同します。

「分からないようにできるなら、その方がいい」

これで事件の隠蔽《いんぺい》は決定的となり、他の幹部も次々に賛成しました。

麻原は、他の信者に見つからないよう、遺体をドラム缶に入れ、護摩壇《ごまだん》で焼却するように指示しました。護摩壇とは、供物や願い事を書いた薄い木の板を燃やす炉のことを言います。つまり、宗教儀式を装って、遺体を焼いて処分をするように、と命じたのです。幹部が代わる代わる見張りをしながら遺体を焼き、残った骨は金槌《かなづち》で砕いた後、すり鉢ですりつぶして、富士五湖の一つ精進湖《しょうじこ》に捨てたのでした。

それから五カ月後、この遺体遺棄作業にかかわった出家信者の一人Tが、教団生活が嫌になったと言って、脱会を申し出ました。麻原の指示で、Tは独房に監禁されました。オウムの施設には、一人籠《こ》もって修行するための独房がいくつもありました。幹部たちが、脱会を思いとどまるよう説得しました。けれどもTは、「家に帰りたい」と言い張って応じません。

すると麻原は、幹部信者を集めて言いました。

「Tは、前の事件のことを知ってるから、このまま抜けたんじゃ困るからな。もう一度様子を見に行って、考えが変わらないなら、ポアするしかないな。私は血を見るのが嫌だから、血を見ない方がいい。ロープで一気に首を絞めて、その後は護摩壇で燃やせ。骨が粉々になって、跡が残らなくなるまで燃やし尽くせ」

この時から、麻原と一部の信者の間では、「ポア」は殺人を意味する隠語として使われるようになります。

実際にTを殺害したのは、村井秀夫、早川紀代秀《きよひで》、岡崎一明、新実《にいみ》智光の四人でした。この四人は、前の死体遺棄事件にもかかわっています。

四人は、Tの手足を縛り、首にロープを巻き付けて引っ張りましたが、Tは暴れて必死の抵抗をします。そこで新実が、Tの頭とあごを持って強くひねったところ、「ボキィ」という音がして首の骨が折れ、Tは死亡しました。教団が引き起こした最初の殺人事件です。

Tの遺体も焼かれ、骨は粉々に砕かれて捨てられました。近所の人は、異様な臭いには気づきましたが、まさか人を殺して焼いているとは思いませんでした。

広がる波紋と新たな被害者

事件が発覚することはなく、教団は思惑通り、八九年八月に宗教法人の認証を得ます。ただ、この頃には、教団に信者の親などからの抗議や苦情が多く寄せられるようになっていました。学業を放棄して教団の活動に夢中になり、家を飛び出して「出家」する若者が相次いだからです。ひとたび「出家」すると、親は連絡を取ることもできません。自分の子どもがどこにいるのかも、教団は教えてくれなかったのです。

横浜の坂本堤《つつみ》弁護士が、そうした親の相談に乗り、親子の面会を実現するための交渉を教団と始めました。親たちには「オウム真理教被害者の会」(現・家族の会)を結成して、情報を共有するように勧めました。

坂本弁護士の元には、「高額のお布施をだまし取られた」と訴える元信者も相談にやってきました。教団は、新しい施設を建てるためにお金を必要としていて、様々な手段で金儲けをしていました。教祖が入った風呂の残り湯を、特別な効果のある水として二〇〇ミリリットル二万円で売ったり、教祖の血をまぜた飲み物を飲む儀式の参加者には一〇〇万円を要求したり……。でも、何の効果もなかったので、お金を返して欲しい、とその元信者は裁判を起こすつもりでした。

オウムを問題視して報道するメディアも現れました。週刊誌『サンデー毎日』(毎日新聞社)が、「オウム真理教の狂気」というタイトルで連載を始めたのです。

坂本弁護士は『サンデー毎日』の取材に協力したり、ラジオ番組でオウムの問題点を話したりしました。麻原の指示で、弁護士資格を持つ在家信者が、早川や広報担当の上祐史浩《じょうゆうふみひろ》ら幹部信者と共に、坂本が所属する法律事務所に行って抗議しました。しかし、それで坂本弁護士の教団に対する姿勢が揺らぐはずもなく、別れ際、「信教の自由」を主張する教団側に対し、「人を不幸にする自由はない」と言い渡したのでした。

この面会についての報告を受け、麻原は早川ら幹部に指示を出します。

「坂本弁護士をポアしなければならない。このまま放っておくと、将来、教団にとって大きな障害となる」

坂本弁護士を殺せ、という指示でした。

当初は、夜に仕事から帰ってきた坂本弁護士を路上で襲い、倒れたところに薬物を注射して殺害する計画でした。T殺害事件ですでに人殺しを経験済みの四人に加え、医師の資格を持つ中川智正と、教団内の武道大会で優勝した端本悟を実行メンバーに入れました。それを決めたのも麻原です。

しかし、計画を実行に移した八九年一一月三日は文化の日で休日だったため、坂本弁護士は仕事に行っていませんでした。家族と買い物に出かけ、早い時間に家に戻っていたのです。

なので、路上で襲うことはできません。

岡崎が、一家が住むアパートの様子を見にいくと、玄関の鍵を閉め忘れていることが分かりました。その報告を受けた麻原は、深夜まで待って、自宅を襲うように命じました。

六人は、四日未明、横浜市磯子区のアパートを襲撃しました。

坂本弁護士は、妻の都子《さとこ》さん、長男龍彦ちゃんとの三人暮らし。龍彦ちゃんは当時、一歳二カ月でした。同い年には、野球選手の田中将大さん、卓球選手だった福原愛さんたちがいます。事件がなければ、龍彦ちゃんも今では立派な大人になって、自分の道を進んでいたでしょう。

けれども、その未来は奪われました。

実行犯六人は、坂本夫妻に殴る蹴るの暴行を加えて抵抗を封じ、首を絞めました。都子さんは「子どもだけは…」と命乞いをしましたが、この必死の哀願は無視されました。龍彦ちゃんも、鼻と口を押さえられて窒息死したのです。六人は遺体を運び出し、いったん富士宮市の教団本部に戻った後、長野、新潟、富山の各県の山中に、別々に埋めました。

これが、オウムが教団外の人を殺した最初の事件となりました。

数日後、坂本弁護士が出勤してこないことを不信に思った同僚が坂本宅を訪れ、一家の行方不明が発覚します。坂本の両親が警察に届けました。しかし残念ながら、当初の警察の動きは大変鈍かったのです。現場には暴力が振るわれた痕跡《こんせき》もあったのに、捜査の責任者は、一家が自発的に失踪《しっそう》したかのような発言もしていました。

坂本一家の自宅にはオウムのバッジも落ちていました。疑われた教団は、広報担当の上祐らが「襲いに行くのに、バッジをつけていくはずがないじゃないか」「すべてオウムを陥れるためのワナだ」などと反論しました。メディアもオウムを追及しきれないまま、しだいに事件報道は減っていきました。

その翌年二月、衆議院議員総選挙が行われました。この時オウムは、「真理党」と称する政党を立ち上げ、麻原を始め幹部信者ら二五人が立候補しました。

麻原の頭には、公明党を立ち上げて国政に一定の影響力を持つ宗教団体創価学会のことがあったのでしょう。そのトップにいる池田大作名誉会長がうらやましく、自分もああなりたいと思ったのではないでしょうか。後に、サリンで池田暗殺を目論むようになったところを見ると、相当に意識していたと思われます。ただ、創価学会は支持母体として公明党を支える形をとっていて、池田名誉会長は直接政治に携わっていないのに対し、「真理党」は麻原自身が党首となり、オウムと一体でした。

麻原自身は、当選する気満々でした。彼が立候補した当時の東京四区(東京都渋谷区・中野区・杉並区)では、教団の総力を上げて選挙活動を行いました。投票数を増やすために、信者の住民票をこの選挙区に異動。象の帽子や麻原の顔のハリボテをかぶった信者が踊るなど、派手なパフォーマンスを展開してテレビなどでも報じられました。裏では、有力候補者のポスターを剝《は》がすなど、違法な選挙妨害も行いました。

それだけ力を入れたのに、麻原はわずか一七八三票しか獲得できませんでした。他の教団候補者の得票も惨憺《さんたん》たる状況でした。選挙に出るためには、供託金を納めなければなりません。当時は、一人二〇〇万円でした。このお金は、得票数が一定の基準より低いと、没収されてしまいます。オウムは合計五〇〇〇万円の供託金がすべて没収されました。

麻原は、ひどく落胆しました。しかし、思うように事が運ばなかった時、自分たちの問題を反省するような彼ではありません。彼は信者を前にして、こう言い放ちます。

「票のすり替えがあった」

本当は六万票はとれるはずだったのに、国家権力が不正を行って、オウムが当選するのを妨害した、と主張したのです。

そして、このような国家の陰謀があり、現代人の魂は穢《けが》れきっているので、合法的な手段で救済することはもはや不可能だとして、「武力を使っての破壊」が必要だと言い始めました。それを「ヴァジラヤーナの救済」と称し、武装化して、オウムと関係ない一般の人まで巻きこむ無差別大量殺人を行うことにしたのです。

二つの顔

自分たちの主張を押し通したり、勢力を拡大したり、敵対者を排除するために、暴力を使って誰かを殺傷・拉致監禁したり、破壊活動を展開して、人々を恐怖させることをテロリズムと言います。オウムは、宗教団体として活動しながら、裏では武装化を進め、テロリズムを実行する組織として活動するという、二つの顔を持つようになりました。

最初は、毒性の強い細菌を大量に散布する細菌兵器による攻撃を考え、京都大学大学院で遺伝子工学などを学んだ遠藤誠一を中心に、ボツリヌス菌や炭疽菌《たんそきん》の培養を行いました。しかし、培養はうまくいかず、何年経っても、生物兵器は完成しませんでした。

その後教団は、自動小銃など火器類の製造と化学兵器の開発に力を入れるようになりました。そうした方針は、麻原が主に教団科学技術部門トップの村井秀夫と話し合って決定していたようです。村井は、地下鉄サリン事件後の強制捜査の最中に、暴漢に殺害されてしまっため、彼に詳細を聞けないのは残念ですが、他の信者たちの供述から、教団武装化の経緯は概《おおむ》ね明らかになっています。

化学兵器の開発を担当したのは、筑波大学大学院中退の土谷正実でした。

高校時代はユーミンこと荒井由美(後に松任谷由実)が好きで、ケガをするまではラグビーに熱中した、普通の若者でした。ただその性格は、思い込んだら命がけ、という一途なところがありました。

大学に入ってからも高校時代の恋人とのつきあいを続けていましたが、父に強く反対され、仕送りを止められてしまいました。それでも、新聞配達のアルバイトをして食いつなぎ、恋人への思いを貫いたのですが、そのうち彼女が彼の元を去っていきます。彼は床を転げ回って苦しみます。体の痛みで心の痛みを忘れようと、自分の体を切りつけたりもしました。

同乗していた車の事故で首を痛め、治療のためにヨガを始めます。それをきっかけに、オウムを知りました。ヨガ修行で体調が回復したことから、オウムに傾倒します。

それでも、坂本弁護士一家の事件が報じられた時には、オウムを疑いました。しかし、「オウムを潰そうという国家の陰謀だ」という教団幹部の説得を、土谷は信じてしまいます。

家庭教師をしていた高校生を勧誘したことで、その親から苦情があり、土谷の両親はある施設に息子を監禁して、脱会させようとします。それは、逆効果でした。土谷は両親を恨み、教団に助けを求めます。父を尊敬し母を信頼していただけに、裏切られたという思いが強かったのです。その尊敬と信頼はすべて、オウムの教祖である麻原に向けられるようになりました。

優秀な化学者だった土谷は、麻原や村井に指示され、サリンなどの化学兵器の開発を開始します。それから一年もしない一九九三年一一月、二〇グラムのサリン生成に成功しました。教団は、当初は創価学会の池田名誉会長をサリンで襲う計画でした。何度か試みましたがうまくいかず、かえって実行メンバーとなった新実がサリンを吸って瀕死《ひんし》の重傷を負ったりしました。

土谷はほかに、ソマン、イペリット、ホスゲン、青酸《せいさん》、ＶＸなどの毒ガスの製造方法を次々に開発していきます。このうちＶＸは、教団のスパイと思い込んだ外部の人を殺害したほか、二人に意識不明の重症を負わせる事件に使われました。ホスゲンは、教団が私(江川)を殺そうとして、自宅の中に噴霧《ふんむ》しました。

こうした化学兵器以外に、土谷は、ＬＳＤや覚醒剤などの薬物、チオペンタールナトリウムのような全身麻酔薬、ＲＤＸやＴＮＴなどの爆薬も作りました。一連の作業には、医師の中川智正などの幹部のほか、土谷の部下となった信者がかかわりました。

また、オウムは大量のサリンを製造するための化学兵器工場を建設しました。麻原は、幹部信者らに「東京にサリン七〇トンをぶちまく」と発言したこともあり、東京を壊滅状態にすることも考えていたようです。

銃の開発は、村井の部下たちが行いました。ロシアでAK-74式自動小銃を一丁入手し、分解して部品を採寸。そうして作った図面を元に、教団内の工場で部品を大量製造しました。これにも、少なからぬ一般信者がかかわりました。

けれども一般信者は、自分が何を作っているのか知らされていませんでした。何か危ないものだと感じたり、部品の形状から「銃かもしれない」と察したりした人はいましたが、なぜそんな物を作るのか、深く考えてはいませんでした。

上からの指示は、すべて修行と心得て、疑問を抱いたりあれこれ詮索《せんさく》したりせずに、黙って従うことが教団の中では当たり前になっていたからです。教団側も、秘密保持のために、違法行為については一般信者に詳細を教えませんでした。

大半の信者は、このような違法行為を教団がやっているとはまったく知りません。むしろオウムは宗教弾圧や攻撃を受けている被害者だという教団の宣伝を、信じ込んでいました。

こうしてオウムは、表向きは殺生を禁じ、嘘や悪口を戒める宗教的な教えを流布していながら、裏では様々な兵器を開発し、武装化を進めていったのです。

2章

オウムを生んだ社会

日本沈没とノストラダムス、そしてジョナサン

オウム真理教は、どういう社会の中で生まれ、人々を引き込んでいったのでしょうか。この章では、当時の人々が置かれていた状況を知るために、少し遡《さかのぼ》って時代を振り返ってみます。

右肩上がりの高度成長を続けてきた日本経済は、一九七三年のオイルショックで、大きな打撃を受けます。きっかけは、エジプト・シリアとイスラエルの間に起きた第四次中東戦争でした。アラブの産油国はエジプトを応援するため、一斉に原油価格を上げ、イスラエルを支援する国に対して禁輸措置をとりました。

エネルギー源を中東産の石油に依存している日本は、なんとか禁輸措置は免れたものの、原油の確保に苦労しました。節電のため、店や飲食店が閉店時間を繰り上げ、ネオンサインは消灯し、街は暗くなりました。テレビも深夜の放送を休止しました。ＮＨＫは、昼間の時間帯にも放送休止時間を設けました。

ガソリンスタンドには、給油を求める車が並びました。ガソリン価格はもちろんのこと、

商品の売り惜しみや便乗値上げもあって、物価は急上昇。戦争そのものは半月ほどで終わったのですが、物価の高騰は翌年まで続き、「狂乱物価」とまで言われました。

そんな中、生活に必要な物資も不足するという噂が広がりました。不安から買い占めに走る消費者の様子をメディアが報じ、それがさらなる不安を煽《あお》るという連鎖で、全国でトイレットペーパー買い占め騒動が起きました。洗剤や砂糖など他の生活用品にも、買い占め騒動は波及しました。

いったい、これからの日本はどうなるのだろう。そんな不安が人々に芽生えてきたこの時期、爆発的にヒットした本が二つありました。七三年三月に出版された小松左京のＳＦ小説『日本沈没』(光文社)と同年一一月に出版された五島勉の『ノストラダムスの大予言』(祥伝社)です。

地殻変動によって各地で巨大地震が発生し、火山活動が活発化し、日本列島は消滅。人々は海外へと避難し、祖国を失った流浪の民となる……。そんな衝撃的な『日本沈没』は、この年に最も売れた本となり、すぐに映画化されました。東京を襲う大地震や各地で発生する巨大津波、そして富士山の噴火など、特撮を生かした迫力ある画面で、こちらも観客動員数六五〇万人、興行収入四〇億円という大ヒットでした。

日本列島に住んでいる以上、地震や噴火などの災害に見舞われる可能性は常にあります。『日本沈没』は、架空の話ではあるのですが、プレートテクトニクスなど科学的知見を折り込んだ物語にリアルさを感じ、「もしかしたら……」と不安を覚えた人は少なくありませんでした。

そして、これに続く『ノストラダムスの大予言』が「終末論」、すなわちこの世は終わりに向かって突き進んでいる、という発想を人々の間に広めました。

これは、一六世紀の医師で占星術師のミシェル・ノストラダムスの詩集『予言集』を、作家の五島が独自に解釈し、現代の問題と結びつけて書いたものです。その中の「一九九九の年、七の月/空から恐怖の大王が降ってくるだろう」というフレーズが、核戦争や環境破壊、あるいは天変地異によって、人類は滅亡の危機に瀕《ひん》する、という憶測を呼びました。

高度経済成長の過程では、各地で水質汚染や大気汚染などの公害が発生し、そのために健康を損なう人がたくさん出ました。この時期は、政府の中に環境庁(現在の環境省)ができ、対策がようやく緒《ちょ》に就いたばかりです。都市部では、ほとんど連日のように光化学スモッグ注意報が発令されていました。そして世界は、いささか緊張が和らいだとはいえ、東西冷戦の中、いつ核戦争が起きるか分からない、という不安がぬぐいきれない状況でした。

だからこそ、こうした〝予言〟に、「ひょっとしたら……」「もしかすると……」と、人々は不安をかき立てられたのです。

『ノストラダムスの大予言』は、一九七四年のベストセラー第二位となりました。ちなみに、一位はアメリカの小説『かもめのジョナサン』(リチャード・バック、新潮社)でした。他のかもめのように、単に餌《えさ》をとるために飛ぶのではなく、より速くより高く飛ぶことを極めようとするかもめの物語です。ただ漫然と生きるのではなく、よりよく生きたいと願い、生きる意味や自分らしい生き方を探している若者たちは、この本に共感しました。後にオウム真理教に入信し、教団ナンバー2となる村井秀夫もその一人です。彼は、オウムに入ることを親に反対された時に、この本を渡し、「読んでください。僕の気持ちはこの本の中にあるから」と言ったそうです。

話を、ノストラダムスに戻します。これも映画化されました。映画は、人間の過剰な生産と開発、そして核の利用が環境異変や異常気象をもたらし、豪雨や干ばつで世界中の農産物がほぼ全滅するうえ、街は大気汚染による濃いスモッグに覆われ、人類存続の危機となる、という『ノストラダムスの大予言』をベースにした物語。文部省(現在の文部科学省)の推薦というお墨付きもありました。

映画も大ヒットしました。一九七四年の邦画興行収入のトップは『日本沈没』、二位が『ノストラダムスの大予言』です。洋画を含めたランキングでは、少女に乗り移った悪魔と神父との戦いを描いたホラー映画『エクソシスト』がトップでした。この時代、この種のオカルト、超常現象が大流行だったのです。

それを広めたのは、主にテレビでした。念力でスプーンを曲げたり壊れた時計を直すという〝超能力者〟が登場する番組が大ヒット。英スコットランドの湖にいたとされる怪獣ネッシーやヒマラヤの雪男といった未確認動物やＵＦＯ（未確認飛行物体）、古代文明の謎《なぞ》などを取り上げ、科学で読み解くのではなく、不思議な超常現象として伝える番組も数多く流されました。

オカルト情報は口コミでも広まりました。全国各地の学校では、「こっくりさん」占いが一種の降霊術としてブームとなり、失神したり心を病む子どもも出ました。

そんな中、書籍『ノストラダムスの大予言』は、その後も売れ続け、累計で二五〇万部にもなりました。続編も次々に出され、いずれも数十万部から一〇〇万部の売り上げがありました。このシリーズは、二〇世紀末の日本人、とりわけ子どもや若者たちの意識に少なからぬ影響を与えました。

「ちびまる子ちゃん」で知られる漫画家のさくらももこは、『大予言』が出た時、まだ小学生でした。その衝撃を、エッセイ集『まる子だった』(集英社文庫)の中でこう書いています。

「ノストラダムスの大予言が日本中の話題になった。私はもう絶望だと思い、将来の事を考えただけで頭痛と吐き気がするほど悩んだ。(中略)一九九九年といえば、私は三十四歳になっている。私の寿命は三十四歳で終わるのか」

「学校でもノストラダムスの大予言のことは大きな話題となっていた。『人類滅亡って、一体どうなるんだろう…』と誰もが想像もつかぬ大きな恐怖におびえていた。『ノストラダムス』ときいただけで恐がる子供もいた」

なんと、クラスの男子数人が「こっくりさんにノストラダムスの大予言が本当かどうかきいてみよう」と言い出し、こっくりさん占いをやり始めたといいます。予言というオカルトによる恐怖や不安に、こっくりさんという別のオカルトで対応しようという発想。この時代の子どもたちが、いかにオカルトに影響されていたかがうかがえます。

子どもたちは、テレビを通じて様々なオカルト情報に日常的に接していました。さくらは、同じエッセイの中でこうも書いています。

「TVでもノストラダムスの大予言は特番が組まれたりして話題であった。怪し気な占い師が次々と出てきて「一九九九年七月、人類は滅亡するでしょう」などと絶叫するので私はますます恐しくなった。(中略)世の中がどんどん終末に近づいている気配であった」

さくらは、オウムでサリンやVXの製造方法を開発して死刑となった土谷正実と、同い年です。

子どもの頃に強烈なノストラダムス体験をし、二〇代になっても、その影響を引きずっていた人は少なくなかったように思います。地下鉄サリン事件の後、オウムの信者・元信者たちにインタビューをした作家の村上春樹は、読者の質問に答える企画『村上さんのところ』(新潮社)で、カルト教団に向かった若者たちについて問われて、こう答えています。

「オウム真理教の信者・元信者の人たちをインタビューしてきて、ひとつ思ったのは

「ノストラダムスの予言」に影響された人がけっこう多かったということでした。その世代の人たちがいちばん感じやすい十代のころに、「ノストラダムスの予言」についての本が大ベストセラーになりました。そしてテレビなんかでも盛んに取り上げられました。1999年に世界は破滅するという例の予言です。そのおかげで「終末」という観念が、彼らの意識に強くすり込まれてしまった。

つまり彼らには「世界には終末があり、それはそれほど遠くない将来に訪れるだろう」という、世界のあり方についての「物語性」が自然に植え付けられてしまったということです。(中略)だから麻原彰晃の説く終末論(ハルマゲドン)がすんなりと抵抗なく受け入れられたのでしょう。そこにはまた「スプーン曲げ」に代表される、「超能力」に対する憧れ・信仰のようなものもありました(そこにもまたテレビの影響が見られます)」

こうして広まった「終末」の世界観を、オウムは大いに活用しました。教祖の麻原彰晃は、近い将来に富士山大噴火や核戦争などが起き、日本も壊滅的な被害を受けるとして、それを「ハルマゲドン」と呼びました。たとえば、団体名をオウム真理教に変更してまもなくの時期、彼は瞑想によって「ノストラダムスの予言詩にある終末の光景をまざまざと見た」として、「一九九九年にハルマゲドンが起こり、二〇〇三年には核とSDI兵器による最終的な破滅がもたらされる」とする〝予言〟をオカルト雑誌に寄稿しています。

SDI兵器とは、当時のアメリカ大統領ロナルド・レーガンが提唱した戦略防衛構想（通称スターウォーズ計画）で使用が想定されていた大陸間弾道弾のことです。核ミサイルが飛び交い、二〇〇三年一一月には人類はほとんど死に絶える、と麻原は言い切ったのです。

そのうえで、「しかし」と、彼はこう続けました。

「一部に生き残る人たちがいる」

それは、「解脱者」「超能力者」である、つまり自分やオウムで修行をして一定の成果を上げた人たちは助かる、というのです。

さらに、自分たちが助かるだけではなく、それ以外の人も救うため、ハルマゲドンの犠牲が最小限になるよう自分たちは活動を続けているのだ、とPRしました。三万人の「解脱者」を出せば、破滅をもたらす怒りのエネルギーを鎮めることができ、日本の破滅は救われる、というのが、彼の自説でした。

麻原は、これを「人類救済計画」と呼び、その後の教団の活動の柱に据えました。教団は、

「救済者」としての麻原の姿を、内外に強く打ち出していきます。麻原の指示に基づくあらゆる活動が、この「救済計画」の一貫とされました。

人は誰かのために役に立ちたい、という気持ちが大なり小なりあります。信者たちは、自らが「解脱悟り」を得るだけでなく、多くの人々を救うための教祖の「救済計画」を手伝うことになると信じて、修行や活動に打ち込みました。「救済」は自分の生きがいを求め、生き方に迷う若者たちを教団に吸い寄せる力にもなったのです。

バブルの時代

オウム真理教が存在感を示していた一九八〇年代後半から九〇年代半ば、すなわち昭和の終わりから平成の初め頃の日本を考えるうえで、「バブル経済」の影響を見過ごすことはできないでしょう。麻原がオカルト雑誌を通じて社会に発信を始め、オウム真理教が大きくなって、様々な事件を起こしていく時期は、まさにバブルが膨らみ、そしてしぼんでいく時期と重なっているからです。

戦後の日本は高度成長を続け、国内総生産（ＧＤＰ）がアメリカに次ぐ世界第二位の経済大国となり、二度のオイルショックを乗り越えました。その勢いは、アメリカの社会学者エズラ・ヴォーゲルが日本の強みを分析した本のタイトルを『ジャパン アズ ナンバーワン――アメリカへの教訓』(TBSブリタニカ)としたことからもうかがえます。

一方、大幅な国際収支の赤字に加え、財政赤字にも苦しむアメリカは、日本に対して様々な要求をしてきました。日本はそれを受け入れ、円とドルの交換比率(為替相場)を変更することになりました。ドルに対する円の価値を上げれば、日本製品が高くなってアメリカに輸出しにくくなり、逆にアメリカの製品が安くなって日本の輸入が増え、アメリカは貿易赤字を是正できるからです。

急激な円高で、製品の輸出に頼っていた日本の製造業は大打撃を受けました。円高不況です。政府は、輸出が減った分、国内の需要を刺激して景気を回復させようと考え、金利を引き下げるなどの政策をとりました。お金を借りる人が増え、市場にジャブジャブとお金が出回るようになると、企業は次々に不動産や株などへの投資を行うようになり、あちこちでリゾート開発やマンション建設のブームが起きました。

土地の値段は急激に上がりました。都市部では、まとまった土地を手に入れるために、強引な方法で立ち退きを迫ったり、金に糸目を付けないやり方で買い上げる「地上げ屋」まで現れました。

株価も高騰。一九八九年一二月二九日、東京証券取引所でこの年最終日となる「大納会」で、日経平均株価は三万八九一五円の最高値をつけました。後にも先にも、これを超える株価になったことはなく、バブル景気のピークと言っていいでしょう。この時期、日本中に札束が飛び交い、熱に浮かされたような状況でした。

サラリーマンたちは、会社のために、土日も夜も猛烈に働きました。企業のオフィスビルは、不夜城のように遅くまで灯りがついていました。働けば働くほど豊かになる、と皆が信じていました。

この時代を象徴するのが、栄養ドリンク「リゲイン」のＣＭです。精力的に世界を駆け回る企業戦士の姿を描き、キャッチコピー「24時間戦えますか」は、八九年の流行語になりました。

利益を上げた会社は、社員に高額なボーナスを支払ったので、個人の懐も豊かになりました。土地を売った人や金融資産を持っている人には、大金が入ってきました。高級な外車やブランド品が飛ぶように売れました。高級レストランや高級クラブが繁昌し、一晩に一〇〇万円も使ったり、接待の女性に札束でチップを払ったり、という話も珍しくありませんでした。

多くの人が海外旅行に出掛けるようになりました。フランスやイタリアなどの高級ブランド店には日本人が列を作り、売り切れが続出。近年、中国人旅行者の〝爆買い〟が話題になりましたが、バブル景気の頃は、日本人が同じようなことをヨーロッパでやっていたのです。

あまりの過熱ぶりに、日本銀行は一転して金融の引き締めに入ります。立て続けに金利を引き上げ、政府も不動産価格を沈静化させるための対策をとります。そのために、今度は地価や株価が急落し、景気は後退します。バブルの崩壊です。

それでも、九〇年代前半くらいはバブルの余韻が残っていて、都会では派手なディスコが大流行。冬はスキー場が大賑わいで、リフトに長い列ができました。

経済的には豊かになった日本。しかし、光の裏にはたいてい影があります。バブル景気に沸いたこの時代もそうで、今につながる様々な問題が生まれていました。

たとえば、過労死です。長時間労働や休日出勤などで休みをとれない状態が続いたために、脳溢血《のういっけつ》や心疾患で突然死したりすることです。長時間勤務に加え、精神的な負担からうつ病などの心の病を発症し、自殺する人も出ました。

いくら栄養ドリンクを飲んでも、人間は二四時間は戦えません。八八年には、弁護士と医師が「過労死110番」を始め、遺族が相次いで労働災害申請を行いました。亡くなったのは働き過ぎが原因であると認めてもらうための訴えです。

かつては、多くの人が自分の暮らし向きは「中流」だと感じ、「一億総中流社会」などとも言われていましたが、バブル景気の頃に変化が現れます。土地や株などの金融資産を持っている人の資産価値はぐんぐん上がり、持たざる者との間の格差が開いていきました。

豊かさの陰で

この時期、一〇代も大きな変化の中を生きていました。第二次ベビーブームと呼ばれる時期に生まれた彼らは、すさまじい「受験戦争」にさらされました。

各地の中学や高校で、子どもたちによる激しい校内暴力と、学校側の厳しい「管理教育」がせめぎ合っていました。不登校の子どもが急激に増えていました。いじめの問題も深刻になり、一九八六年にはいじめを苦にした中学生が自殺をする事件もありました。

東京の中野富士見中学二年生の男子生徒が、同級生からのいやがらせや暴力、教師も加担した「葬式ごっこ」などのいじめを受けた後、首をつって自らの命を絶ったのです。遺書には、こう書かれていました。

「俺だって、まだ死にたくない。だけど、このままじゃ「生きジゴク」になっちゃうよ。ただ俺が死んだからって他のヤツが犠牲になったんじゃいみないじゃないか。だからもう君達もバカな事をするのはやめてくれ、最後のお願いだ」

（一九八六年二月三日付『朝日新聞』より）

いじめによる自殺が大きく注目された事件でした。

あぶく銭が飛び交い、好景気に沸き、異様な熱気を日本中が包んでいる中で起きている、こうした問題をじっくり見つめていた人もいました。

たとえば、経済学者で評論家の暉峻淑子《てるおかいつこ》は、カネとモノがあふれる一方で、企業戦士は殺人的なラッシュアワーの電車に詰め込まれ、家族との団らんや文化的な楽しみも犠牲にして働いており、一般の人たちの住環境や福祉がなおざりにされている状況は、決して本当の豊かさとはいえない、と批判しました。

その著書『豊かさとは何か』(岩波新書)で、暉峻は「豊かさに憧れた日本は、豊かさへの道を踏みまちがえたのだ」と指摘しました。

そんな時代に、シンガーソングライターの浜田省吾は、彼の代表曲とも言える「J.BO

Y」で、終わりのない生存競争への怒りや矛盾だらけの豊かなこの国に感じる虚しさを歌いました。そうした現実やそこにはびこる空虚さに対して「打ち砕け」「吹き飛ばせ」と歌う浜田の叫びに、多くの若者が共感しました。

彼は、同じアルバムに収録された「八月の歌」でも豊かさとは無縁な日常を生きる自動車整備工の嘆きをとりあげ、格差の底辺にあえぐ人に目を向け、日本がアジアへの贖罪《しょくざい》を果たしたのか、という疑問も提起。日本社会の豊かさに対する違和感を繰り返し歌いました。

もう一人、この時代を象徴するアーティストがいます。尾崎豊です。

受験戦争を勝ち抜いて、よい大学に入って、一流企業に入れば幸せになれる。そう考える親世代の価値観に反感を覚え、大人たちが作る「豊かな社会」に組み込まれることに嫌悪感を覚える若者は、決して少なくありませんでした。尾崎は大人社会の支配に対する抵抗と解放を歌った「卒業」などで、一〇代のカリスマ的な存在となりました。

そんな風に、熱い思いを外に表現する人がいる一方、モヤモヤとした不満や不安や違和感を、内にため込んでいる若者もいました。現実社会の中では、真の豊かさ、本当の幸せなど得られないのではないか。そんな思いで、未知なる世界へと引き寄せられていく人々も増えていきました。

彼らを引きつけるように、書店には、精神世界のコーナーが幅広くとられていました。新宗教のほか、ヨガ、チャネリング、占い、ヒーリング、気功、超能力などの本が置かれていました。

その中に麻原彰晃の本やオウム真理教の機関誌も並んでいました。これらの本を手にとったことがきっかけで、オウムに自ら近づいていった者もいます。また大きな書店の精神世界コーナーの周辺に信者をうろうろさせて、関心のありそうな人に麻原の本を薦めたり、近くの道場に誘ったりするなど、勧誘の場として活用することもありました。

次の章では、こうした時代を生きて、オウムに吸い寄せられていったある若者の手記を紹介します。彼は、どのようにしてオウムに引きつけられ、事件にまで関与するようになったのでしょうか。

3章

ある元信者の手記

この章では、地下鉄サリン事件で実行犯を送迎する運転役となるなど、三つの殺人事件で有罪となり、無期懲役刑が確定して服役中の杉本繁郎《しげお》受刑囚の手記を紹介します。

彼は自らの行為を深く悔い、なぜ自分が事件にかかわってしまったのか、オウムに心をからめとられたのはどうしてだったのかを考え続け、たくさんの手記を書いています。ここでは、その要約に加え、オウム事件を知らない若い人たちのために伝えたいことを、この本のために新たに書き下ろしてもらい、加えました。

生い立ち

私(杉本)がこの世に生を受けたのは、一九五九(昭和三四)年六月一四日。場所は、原爆投下と終戦から一四年ほど経った広島です。

はっきりした記憶が残っているのは、五歳前後からです。道路工事を専門にする建設会社に勤めていた父は、長期の出張で家にいないことが多く、母子家庭のような状態でした。

幼稚園時代の私は、どちらかというとおとなしい、ごく普通の子どもだったと思います。

それでも、クラスで背が高い方だったこともあり、クリスマス会の演劇ではセリフが一番多い準主役的な役割を割り当てられたりしていました。口数は多くなくても、人前でごく普通に話もできていました。

しかし、小学校に入学してからは、人前で話をすることもなくなり、引っ込み思案な子どもになっていました。それは、母の影響が大きかったと思います。

私は、母にほめられた記憶がありません。何か言えば文句を言われ、罵倒される。たとえテストで一〇〇点を取ったと報告しても、「一回や二回、一〇〇点取ってもつまらん」と言って、くさすのでした。私は家だけでなく、学校でも、だんだん口を閉ざすようになり、無口な子どもになっていきました。黙っていても、母は「お前はつまらん」などと言うのです。

父は、私が小学三年生の頃から、年の半分くらいは家にいるようになりました。父は、会社での不満を酒を飲んでは家庭内でぶちまける、いわば内弁慶な性格でした。そのため、父が家にいる間は、夫婦喧嘩が絶えませんでした。

私に対しても、家にいる時は毎日のように、母に対する不満を言い続けていました。「お前はこんな女とは絶対に結婚するな」「お前が生まれていなければ、こんな女とはとっくに別れている」「わしがこんなに苦労しているのは、お前たちのせいだ」……。

両親は見合い結婚でしたが、母との結婚は父が望んだものではありませんでした。父の母(私の祖母)が決めたことで、親には絶対服従という環境で育った父は、それを断れなかったようです。

また、父は物事を否定的にしか見ることができないタイプでした。何かを行う前に、「そんなことはできるはずがない」と決めつけ、自ら積極的に行動を起こすことはありませんでした。このような両親の元で育ったことは、私の人格形成に影響を与えたと思います。

メディアの影響もあったかもしれません。私が育った時期に、テレビなどのマスメディアが急速に発達し、子ども向けのアニメも多数制作されるようになりました。私を含め、多くの子どもがアニメに熱中しました。成長して、ある時期になれば卒業するわけですが、うまく卒業できず、その残像を引きずっている者もいます。つまり、アニメの世界は現実ではないと理解しながらも、空想世界でそのイメージを現実と混同しながら楽しみ、満足している人たちです。私もそんな一人だったように思います。

テレビでは「あなたの知らない世界」(日本テレビ系)など、心霊現象や死後の世界のことを扱った番組が数多く放送されていました。そのような番組は、死後の世界があると断定しているわけではなく、あくまで可能性を指摘しているだけなのですが、私は未知の世界があるように思い込んでしまっていました。

高校進学は、担任の先生のアドバイスで普通高校にしたのですが、父はそれにひどく腹を立てていました。父は工業高校に進ませたかったのです。親の命令には絶対服従という観念に凝り固まっていた父には、私が従わなかったことが気に食わなかったようです。

中学、高校、大学時代の私は、ごく普通の学生でした。勉強が特にできるわけではなく、陸上部に入りましたが記録はごく平凡。とりたてて特技も才能もありませんでした。人並みに恋愛もしました。ただ、アレルギー体質の私は、体の上半身から下腹部にかけてアトピーのような皮膚炎を起こしていることが多く、恋愛もあまり積極的になれず、うまくいきませんでした。

大学卒業と同時に、私は証券会社に就職し、広島支店に勤務することになりました。

しかし、その後間もなく、私は体調を崩してしまいます。あちこちの病院を回りましたが、なかなか原因が分からず、大学病院でようやく甲状腺機能亢進《こうしん》症であることが分かりました。会社を休み、通院しながら自宅で療養しましたが、結局入社から一年四カ月で退社しました。

病気のために、不整脈や高血圧となり、夜眠れなかったり、逆に何日も眠り続けたりしました。精神的にも肉体的にも本当に辛い日が続いたのですが、両親はそれを全く理解してくれませんでした。父は、「具合が悪いのは、夜更かしばかりして、朝早く起きないからだ」と私を責めるのです。母も、「いい若い者が、仕事もせずに家でブラブラしていて、隣近所に恥ずかしい」などと言うのでした。

私は家に居場所がなく、次第に精神的に追い詰められていきました。

きっかけは一冊の本

「この世には自分の居場所はない」「私が生まれてきた意味が分からない」——そんな思いに苛《さいな》まれている時に、私は一冊の本に触れたことから、宗教にのめり込んでいくことになります。

よく立ち寄っていた書店で、平積みになっていたヨーガの入門書が目にとまり、買い求めたのです。その本に出ていた、ヨーガのポーズをいくつかやってみました。しばらく続けると、なんとなく体調が上向いたように思われ、もっと詳しいヨーガの書籍を買いました。

医師からは、治療をし、会社を辞めたのに症状がなかなか改善しないのは、何かほかに精神的なストレスがあるのではないか、と言われました。家庭が私のストレス要因だったと思います。私は、ヨーガに熱中するとともに、現状を打破したい、今の自分を変えたいという思いにかられて、宗教書や自己啓発の本を読み漁りました。

アメリカの宗教家の本の中にあった祈りの言葉を唱えてみたところ、願望が実現したことがありました。「今の私に適した仕事が必ず見つかる」と唱えながら眠りにつくようにしたら、一週間後近所の人が、小さな建設会社の社長が乗る車を運転するアルバイトを紹介してくれたのです。その会社は、私の体のことを配慮してくれて、平日は午後のみ、土曜は午前中だけでよいと言ってくれました。

このことがきっかけで、私は宗教に熱中していきました。本を読みながら、ヨーガのポーズや呼吸法、瞑想法も実践していました。その中で、眉間に白いフラッシュを焚《た》いたような爆発を感じる〝神秘体験〟もしていました。いくつもの本の中に紹介されていた「クンダリニー（体内の根本的な生命エネルギー）」の覚醒にも強い関心がありました。クンダリニーの覚醒をすれば、超人となり、すべての病気も治癒《ちゆ》するとあったからです。しかしどの本にも、クンダリニーの覚醒には危険が伴うので、「正しい師」について指導を受けながら行うよう書いてありました。

そのために行き詰まりを感じていた時、私は新たな本に出会います。『虹の階梯《かいてい》――チベット密教の瞑想修行』（ラマ・ケツン・サンポ＋中沢新一、平河出版社）です。仏教関係の本は初めてでした。中でも引きつけられたのは、「因果の法則」でした。

それまで「なぜ、私だけが病気で苦しみ、普通に生活することすら許されないのか。両親にも理解されないのか。私がいったい何をしたのか」という悩みで苦しんできました。同時に、世の中には自分より悪い環境で生まれ育ったのにもかかわらず、私よりはるかにたくましく生きている人もいるのはなぜか、という疑問もありました。

この本に書かれていた、あらゆることがらは過去の業《ごう》(カルマ)によるものだ、という因果の法則で、答えが示されたように感じたのです。私は、育った環境や苦しんでいる病気などすべてのことが、過去世からのカルマによるものだと考えるようになり、チベット密教に傾倒していきました。

仏教の教えでは、生きとし生けるものはすべて輪廻転生《りんねてんしょう》する(生まれ変わる)と考えられています。肉体は滅びても、魂は永遠に継続し、行ってきた行為の善し悪しによって、天・人・修羅《しゅら》・畜生《ちくしょう》・餓鬼《がき》・地獄のいずれかの世界に生まれ変わる、六道輪廻《ろくどう》です。今は人間界にいても、次の生では昆虫・動物・鳥などの畜生界に生まれ変わるかもしれません。この六道輪廻から離れることが「解脱」です。

私は、この本に出会ってから、現世での関心事はほとんどなくなり、今生《こんじょう》での修行によって、過去世からのカルマを落とし、よりよい輪廻転生をしたい、できれば輪廻から超越したいと、そればかりを思うようになりました。

『虹の階梯』には、グルと呼ばれる精神的霊的指導者に巡り合うことの重要性について書かれていました。この本を読んで、私の中で、グルを求める気持ちが大きく膨らんでいったのです。

その後に買い求めたチベット聖者に関する本を読んだ時も、師と弟子の話に感銘を受けました。激しい試練を与える師とそれを受け入れて成就していく弟子との物語です。信仰心を高めるため、あるいは師弟関係を強調するために作られた、そうした物語を、私はすべて史実であり真実であるかのごとく思い込んでいきました。

チベット密教の思想を元にした仮想の世界、いわばバーチャルリアリティこそが、私にとって「理想の世界」であり、「真実の世界」になりました。ただ、今振り返ってみると、これはすべて現実からの逃避でしかなかったように思えてなりません。

天啓

私はその後、アルバイトで勤めていた建設会社を辞め、レンタカー会社で働くようになりました。ヨーガを我流で続けていましたが、その実践にも行き詰まりを感じ、グルに巡り合うことの必要性をますます強く感じるようになりました。

忘れもしない一九八六年の一月一五日の夕方です。当時、この日は成人の日で休日でした。私は自宅で、「私はいったい何のために生まれてきたんだろう」と考えていました。そのうち、体が白い光に包まれるような至福感を覚えたのです。そして、この問題に対する答えのようなものが、心の中に浮かんできました。

それはこういうことです。

「この世には、私と同じように、病気で苦しんでいる人たちがたくさんいる。それ以外の何らかの理由で苦しんでいる人たちもたくさんいる。私は、ヨーガの実践によって、その人たちを苦しみから救い出したい。そのために、私は生まれてきたんだ」

しかし、私にはそれだけの力がありません。なので、同じような志を持った先達を見つけ出し、その人の活動の手伝いをすべきではないか、と思いました。

私は、これが天啓、つまり天からの啓示と受け止めました。このことも、私のグルを求める気持ちをさらに強くする要因となりました。

そういう時に、雑誌で麻原彰晃の記事を読んだのです。

当時の私は、『ムー』『トワイライトゾーン(以下、TZ)』などのオカルト雑誌を愛読し、そこに書かれている霊や死後の世界についても、無条件で受け入れていたように思います。一九八五年夏頃、こうした雑誌に麻原彰晃が「空中浮揚」したという写真が掲載され、私は初めて彼を知りました。ただ空中浮揚は、以前にも他の人の写真を見たことがあったので、それほど心は動かされませんでした。

その年の一〇月頃から、『TZ』で麻原が連載を始めました。その中で、人類救済を唱え、自分はヨーガの実践によって空中浮揚の段階まで到達していることなどが書かれていました。そして八六年一月発売の号で、ヨーガについて、私の体験を説明するような記述がしてありました。それを読んで、私はどうしても会いたいという気持ちになったのです。

記事には、当時の「オウム神仙の会」の連絡先も書いてありましたので、電話をしてみました。ところが、何度かけても留守番電話になっていて、つながりませんでした。後から分かったことですが、この時麻原は、インドに行っていたので、会の活動も休みになっていたのです。

私は、先の「天啓」を思い返し、麻原に会って、信頼できる人であれば指導を受け、その救済活動の手伝いをしたい、と思いました。退路を断ってこの道を進もうと考え、レンタカー会社の仕事を辞め、上京することにしました。麻原に二月二五日頃に会いたい旨の手紙を出したところ、その後オウムの最高位の幹部となる女性から電話があり、「その頃は来てもらっても先生には会えません。三月一日か二日なら会えます」と言われました。

私は、両親宛てに置き手紙を残し、一人東京へと旅立ちました。当時、神仙の会は渋谷のマンションの一室にありました。麻原は、写真で感じたより大きく見え、体格もがっしりしていて武道家のような印象を受けました。髪は両肩付近まで伸びて、それがヨーガ行者らしい風貌《ふうぼう》をつくっていました。

麻原は私の質問に、にこやかに答えてくれました。病気については、「ヨーガの行法を一日五、六時間行えばよくなる」と言いました。しばらく一緒に瞑想した後、体の中をエネルギーが通る三つの管のうち、私の場合、二つはすでに開いていると言って、私がこれまでにした「神秘体験」についても、解説してくれました。

その説明は、とても説得力があると感じ、詳しいことを話していないのに、私の状態を適確に把握している、と驚きました。わずか三〇分ほどの間に、私は麻原に強く引きつけられ、この人こそ求めていたグルに違いない、と思ってしまったのです。

麻原は、私を富士山の麓で行う修行に誘ってくれました。修行は、本栖湖《もとすこ》畔のバンガローを借りて行うもので、私の他、弟子二人が一緒でした。行きの高速バスで、私は麻原の隣に座ることになり、ずっと緊張していました。現地に到着してから、私は体調が悪く、嘔吐《おうと》し、頭痛もしていました。症状は、麻原の指示でヨーガの行法をやると、数時間で収まりました。

麻原は、嘔吐について「杉本君が霊的進化を遂げるために必要なプロセスだ」「力のあるグルのそばにいると、それだけでクンダリニーが覚醒することがある」などと言っていました。私は、隣の座席に座って麻原のエネルギーを受けたために、霊的変化が起きて体調に異変があったのだと理解し、その状態を見て適切な指導をしてくれたと、麻原に対する信頼を強めました。

それでも、本格的な修行が初めての私には、この時の修行は大変辛いものでした。その様子を見て、麻原はやさしい口調で「辛いのだったら下山してもいいぞ」と声をかけてくれました。そして、今回の修行に私を連れてきたことについて、「君の病気のことを聞いて、なんとか治してあげたいと思ったからだ」と言いました。

私は、麻原が初対面の私を受け入れ、病気のことを両親よりもはるかに理解し、心配してくれたことに感激しました。そして、一層麻原に引きつけられて、「もう少し自分と戦ってみます」と残ったのでした。この時以来、麻原は両親以上に大切な存在となっていきました。

神秘体験

約一〇日間の修行の間に、いくつかの「神秘体験」をしました。ヨーガの行法をしながらうとうとしていた時に、自分の意識が体から抜けていく「幽体離脱」や、三人のチベット僧からの祝福を受けてエネルギーが上昇していくような感覚もありました。

こうしたことから、私は麻原のことをすっかり信用し、これから先、この人についていきたいと、心の底から思うようになりました。

それだけでなく、念を送ってろうそくの炎を動かしてみせる、という実験を見せてもらい、私は麻原には神通力があると信じ込んでしまいました。この実験でなぜ炎を動かせたのかは、今となってはよく分かりません。

麻原から「グルと弟子は常にアストラル(霊)次元でつながっていて、いわば一心同体だ」と言われ、私はそれを疑うことなく、感激しながら受け入れたのでした。

それから何年も経ってから、麻原に疑念が生じたことはあったのですが、そのたびに出会った当初を思い起こし、「やはり麻原は正しい」と自分に言い聞かせていました。まるで、自分で自分を洗脳しているような状態に陥ってしまったのです。

信者となった他の人たちを見ていても、オウムにのめり込むうえで、「神秘体験」は大きな要素でした。ただほんとうは、ヨーガの行法によって何らかの身体的変化が起きるのは、いわば当然なのです。問題はその変化が、本当に「神秘体験」などと呼べるようなものだったのか、ということです。

セミナーに参加している人の大部分は、セミナー中に何らかの「神秘体験」をしたい、あるいは自分の身体に起こった変化を「神秘体験」と言ってもらいたい、という願望を胸に抱えています。このような人たちは、あまり意味のない体験をしたとしても、「それはアストラルの体験ですね」とか「クンダリニーの上昇ですね」など、自分が求めている答えが得られるまで質問し続けるのです。こうして、意味のない体験が、いつの間にか意味のある「神秘体験」として認識され、自分は貴重な「神秘体験」をしたと思い込む自己満足の世界に浸っていくことになるのでした。

もう一つ、多くの人が麻原を崇拝し、教団に出家したのは、次のような我々の疑問に、麻原が一つの答えを提供したからです。

我々は、なぜ生まれ、なぜ死んでいくのでしょう。そして、我々はどこからやってきて、死後はどこへ行くのでしょう。

麻原によれば、我々の「真我」は未成熟であったために、宇宙のビッグバンの影響で、すべてが満たされたニルヴァーナ(涅槃《ねはん》)の世界から、この迷妄の世界に引きずり込まれてしまったとのことでした。そして、転生を繰り返し、修行によって魂を成熟させ、ニルヴァーナの世界にとどまれるようにしていくことが、我々が生まれ死んでいく理由であり、今生において積んだカルマによって死後どこに行くのかが決まる、というのです。

輪廻転生などは、麻原独自のものではなく、日本でも仏教の教えとしてよく知られていますが、それに具体的なリアリティを感じる人は少ないと思います。けれども我々は、麻原の言葉が作り出す世界観にリアリティを感じ、あたかもそれが現実のものであると思い込んでしまったのです。

そして、ひとたび信じ込んでしまうと、いつの間にか麻原のことを「神」であり「仏」であり「キリスト」であり「シヴァ神の化身」であるなどと思い始め、その言葉が人知を超えた天啓であるように受け止めてしまいます。そうなると、グルの意思を実践することが全てとなり、自分たちが間違っているのではないかと考えることもなくなります。ついには、世の中は狂っていると思い、この狂気の世界で苦しんでいる人たちを救済しなければならない、それがグルの意思であり、自分の使命であるという幻想を抱くに至り、麻原や教団幹部から命じられたことは、そのまま受け入れて実行しようとするようになっていったのです。

弟子としての道

私たちオウムの信者にとっては、自分がいかに輪廻から解脱し、ニルヴァーナに至るかが、最大の関心事でした。解脱へと至るには、六道輪廻の世界をすべて知り尽くし、最終解脱した麻原をグルとして仰ぎ、その指示に従うほかはない、と信じ込んでいました。

その指示が、どんなに不合理なものに見えても、何のためらいも持たずに実践することが、弟子である私たちのとるべき道であり、それ以外に解脱に至る道はないということを、繰り返し教えられ、修行を通じて訓練させられてきました。

教団では、一九九〇年の総選挙に出馬して負けた後、ボツリヌス菌などの生物兵器の製造を始め、それを町中《まちなか》で噴霧したりしていました。私も噴霧車の運転をするなどしてかかわっていきます。「救済の実践」と言われたものの、具体的に何のためなのかはよく分かりませんでしたし、最初は、人が傷ついたり自分も死ぬんじゃないかという不安や葛藤《かっとう》もありました。それでも、教祖の深い考えに基づくものなのだろうと、自分を納得させていました。実際には何も被害はありませんでした。ますます何のためか分からなくなりましたが、それ以上深く考えることはありませんでした。

麻原は、〝救済者〟であると同時に、怖い存在でもありました。指示に従わなかったり、麻原から離れたり、裏切ったりすれば、死後、無《む》間《げん》地獄に落ちて大変な苦しみを受ける、と言われていたからです。無間地獄がいかに恐ろしいか、私たちはたっぷりと教えられ、それが修行での体験と結びついて、恐怖は心と体に染みついていました。

それでも、一度だけ教団を抜け出したことがあります。九三年二月のことでした。麻原の運転手をやっていたので、麻原が女性幹部と愛人関係にあり、その女性が子どもを死産するなどの秘密を知って、言っていることとやっていることが違うのではないか、と疑問を抱きました。それに、私に責任のないことで頭ごなしに怒られることが続き、不信感が溜まって飛び出したのです。親戚の家に数日泊めてもらい、広島の実家に帰ったところ、何人かの古参信者が押しかけて、私を説得しました。その一人が、後に地下鉄サリン事件の実行犯となった林泰男でした。

「尊師に挨拶もしないで下向(脱会)するのはよくない。とにかく尊師に挨拶をしてからにしましょう」

そう言われて、私はいったん戻って教祖に会うことにしました。不信感はあったものの、やはり麻原は特別な存在だという思いは心に染みついていて、裏切ったら無間地獄という恐怖も常にありました。だから、できれば教団を離れることについて、麻原の承諾が欲しかったのです。承諾があれば、裏切ったことにはなりませんから。

麻原はさぞ怒っているだろうと思っていたら、予想に反して優しい対応でした。一対一になって「救済者がこの世に降りてくるのは稀《まれ》なことで、今を逃すと解脱悟りを得る機会があるか分からないぞ」と諭されました。「お前を帰すことは、私にとっても大きな賭になる。お前は教団の秘密をあまりに知りすぎているからな」とも言われました。

最後に、麻原は満面の笑みを浮かべて、こうつぶやいたのです。

「お前には、一緒に死んで欲しかったのだが」

これはヤバイ、と思いました。怒鳴られるより、この笑顔に底知れぬ怖さを感じました。

「一心同体」と言われたことも思い出され、自分は麻原から離れられない、やはり麻原に頼るしかないという思いで一杯になりました。

今考えると、それだけ強く麻原に心を呪縛《じゅばく》されていたのだと思います。結局、私は教団に戻ることになりました。

麻原は、この年の一〇月頃から、「教団に毒ガスがまかれている」など、被害妄想としか思えないことを言い始めました。九四年に入ると、この傾向はさらにひどくなり、「自分が狙われている」と思い込むようになっていました。教団では、薬を使ったスパイチェックなども行われるようになり、敵対する者には容赦ない攻撃を加えるようになっていきました。

そうして起きた事件のうち、ふたつに私はかかわることになりました。

最初は、Oさん殺害事件です。元信者のOさんとYが教団施設に侵入し、Yの母親を連れ出そうとして失敗し、麻原の指示でOさんが殺害された事件でした。

事件があった夜、私は急に呼び出されて車の運転をするよう命じられました。麻原夫妻を乗せて、教団の警備役がOさんたちを捕まえて拘束した施設へと車を走らせました。その時、麻原が「これから処刑を行う」と言ったので、びっくりしました。私はそれまでに教団が起こした殺人事件については、まったく知りませんでしたから。

施設の麻原専用の部屋に入ると、すでに何人かの幹部がいました。

「これからポアを行うがどうだ」

麻原は自分の椅子に腰掛けると、室内にいる者たちに、そう声をかけました。

幹部たちが、口々に賛同しました。

「尊師のおっしゃる通りです」

「ポアしかないですよ」

「泣いて馬謖《ばしょく》を斬る、と言いますから」

「(悪いことをすれば報いを受けるという)法則通りだと思います」

私自身は何を言ったのかよく覚えていないのですが、反対はしていません。一人だけ反対すれば、麻原の怒りは自分にも向かうのではないかと思われましたし、そもそも麻原の言うことは絶対でした。私は、車の中で麻原の言葉を聞いていましたから、「どうだ」と問いかけていても、実際にはポア、つまり殺人を行うことは、すでに決めていると知っていました。それに異を唱えるということは、思い浮かびもしませんでした。

Yの父親が、教団施設の近くに停めた車の中で待っていると聞いて、麻原はYに○さんを殺させたうえで、帰らせることにしました。Yまで殺してしまうと、父親が不審に思って警察に通報する可能性があり、それでは困るからでしょう。

別室にいた○さんが連れてこられました。私は、目の前で起こっている出来事に、どう対応していいのか分からず、呆然としていました。今から人を殺すことになるかもしれないという緊張感で、心臓がドクンドクンと大きな音を立てているのが分かりました。その一方で、実際にそんなことが起きるとは信じられない気持ちもあり、「そんなばかな」「そんなことできるはずがない」と必死で否定していました。

縛られていたOさんが暴れ出し、何人かが慌てて取り押さえました。私は、足がガタガタ震えて、近づくことができませんでした。けれども、何もしなければ、今度は自分の方に麻原の怒りの矛先が向けられるような気もして、それも恐ろしく感じました。

Oさんは首にロープがかけられ、絞められているうちにだんだん抵抗が弱まっていきました。麻原が「どうなった?」と聞くので、私は「今、押さえ込んでいます」「まだ少しバタバタしています」「動かなくなってきました」などと、Oさんの状況を報告しました。

亡くなった後、遺体は教団が作ったマイクロ波焼却装置という大型の電子レンジのような装置で焼いたそうです。殺害の実行犯となったYは、「Oさんは教団に残ることにした」と父親に嘘を言うこと、再びオウムの道場に通うことの二つを約束させられて、解放されました。しかし、Yはその後行方をくらまし、道場には来ませんでした。教団は行方を捜し、井上嘉浩らが居所を突き止めましたが、拉致する寸前に逃げられました。捕まっていれば、Yも殺されたでしょう。

この事件を経験して、麻原の怒りを買えば、死後に無限地獄に落ちるだけでなく、現実世界で殺されてしまうのだと思い知らされました。その後、できれば教団から離れたいという思いが募ってきました。けれども、そうなれば大変なことになる、という恐怖が強く、心は揺れていました。

拷問

そんな最中に、幹部の新実智光から、こう言われました。

「尊師が「ガンポパの状態が悪い」とお怒りです」

「ガンポパ」というのは、オウムの中での私の宗教名でした。修行が一定の段階に到達した時に、教祖からもらうものです。オウムでは、ホーリーネームと呼んでいました。新実は「ミラレパ」でした。

私は、新実の言葉を聞いて、震え上がりました。麻原に自分の心を読まれた、と思ったからです。半年前のOさん事件のことが頭に浮かびました。今度は自分が同じような目に遭うのではないかと恐ろしくなりました。

しかし、対象は私ではなく、出家信者のTさんでした。教団で使っている水に毒が入れられたのではないかという騒ぎがあり、井戸水をタンクローリー車で運んでいたTさんが教団に侵入したスパイだと疑われたのです。Tさんは「やっていません」と否定しました。そこで、自白させるために拷問することになりました。

「尊師が「ガンポパにやらせろ」とおっしゃっている」と新実に言われ、まず私が椅子に縛り付けられたTさんを竹刀で叩きました。いくらやっても、Tさんは否定しています。新実は、私のやり方が生ぬるいと、竹刀を取り上げて、めった打ちにし始めました。

Tさんは、新実に向かって「ミラレパ正悟師、私の心を読んで下さい」と哀願していました。新実は、教団で「正悟師」と呼ばれる高いステージに位置づけられていて、そのランクまで到達した者は人の心を読む力がある、と言われていました。Tさんは、自分がスパイではなく、毒を入れてもいないことは、心を読んでもらえば分かると思ったのでしょう。しかし、新実は拷問を続けました。

その後は、Tさんの足の指と爪の間に針を刺したり、ガスバーナーで焼いた火かき棒を押し付けたり、ブラックジャックという武器で殴りつけたり、拷問はどんどん残忍になっていきました。私も、その一部をやっています。

指示に逆らえば、麻原に報告され、自分がやられる恐怖がありました。しかし、Tさんが否認したまま意識を失う状態にまでなったので、意を決して新実にこう言ってみました。

「ここまでやって「違う」と言うんだから、T君はスパイではないのでは？」

すると、新実は「尊師に聞いてくる」と出て行きました。待っている間、新実が私のことをどう報告したのか、と気が気でありませんでした。この時に逃げ出せればよかったのでしょうが、その時の私の心には、そういう選択肢は全く浮かびませんでした。

しばらくして戻ってきた新実は、こう言いました。

「いずれにせよ、ポアだ」

Tさんを殺害する、ということです。そして、「お前がやれ。これはグルの意思だ」と、持っていたロープを私に渡したのです。

衝撃でした。頭の中を「ポア」「グルの意思」という言葉だけがぐるぐる回っていたような気がします。

それからのことは、断片的にしか覚えていません。おそらく、私がTさんの首にロープを巻いたのだと思います。一方を私が、もう一方を新実が引っ張り、Tさんは亡くなりました。人を殺してしまった自分は、もう現実世界には戻れない。そんな諦めと同時に、麻原とその教えを信じようとする気持ちが一層強くなっていきました。

ポアというのは、元々は魂を高い世界に引き上げることです。それができるのは、特別な力を持ったグルだけ。グルがポアしたのだから、○さんもTさんも高い世界に転生したに違いない。そう思い込み、自分がやったのはただの殺人ではなく、救済の一環なんだと自分に言い聞かせることで、心の負担を軽くしたかったのだと思います。

こうして私は、麻原を絶対的な存在と位置づける世界の中に留まり続けたのです。

サリン、実行へ

私は教団が、生物兵器や毒ガス兵器の開発をし、噴霧実験をしていたことは知っていました。毒ガスを撒《ま》いて、麻原の予言が的中したかのような状況を作り、いわばハルマゲドンを自作自演しようとしていたのだと思います。敵対する者を攻撃するために使用したこともありました。ただ、私が知っている限り、それは失敗続きでした。

一九九四年六月の松本サリン事件は、当時の教団としては、唯一例外的な成功例でした。これに私はかかわっていませんでしたし、誰からも説明は受けていないのですが、教団の犯行であることはなんとなく分かっていました。事件の報道を通じて、サリンが少量でも人を殺してしまう極めて危険な毒ガスだということも、理解していました。教団のサリン製造工場に材料を運ぶなどの作業にもかかわりましたから、教団がサリンを作ろうとしていたのも分かっていました。

その教団のサリン製造計画は九五年の初め、突然ストップします。読売新聞が元旦の紙面で、こんなスクープ記事を大々的に出したからです。

「サリン残留物を検出　山梨の山ろく　「松本事件」直後　関連解明急ぐ　長野・山梨県警合同で」

教団名は出ていませんでしたが、警察がオウムの施設周辺の土壌からサリンの痕跡を検出したことは明らかでした。教団のサリン製造工場は未だ完成していませんでしたが、何度も外に異臭がもれて、近くの住民ともトラブルになっていました。

この記事が出て、麻原はサリン製造の終了宣言を出したようで、中間生成物などはすべて処分することになったと聞きました。私は、大量に買ってあった原材料の化学薬品を、オウム関連会社の倉庫から別の所に移す運搬作業や、その会社の残務整理を手伝いました。

そうした作業は三月半ばにほぼ終わりました。そして三月一九日の早朝、林泰男から車の運転を頼まれました。なんのためかは教えられず、私の方から聞くこともありませんでした。この当時の教団においては、いちいち指示の理由や目的を聞いてはいけない、という不文律があったからです。

私が運転する車ともう一台の車で、合計七人が東京に向かいました。

当時の教団は、国の官庁のような「省庁制」組織を作っていました。私は「自治省次官」ということでしたが、実際にやっていることは車の運転などで、「次官」と言っても何の権限もありませんでした。

この時、車で移動した七人のうち、四人は「科学技術省次官」でした。林のほか、広瀬健一、豊田亨《とおる》、横山真人《まさと》です。科学技術省は、麻原の側近中の側近だった村井秀夫が「大臣」で、教団の武装化の中心的な組織でした。村井は、教祖の言うことは何でも、「できます、できます」と肯定し、結局部下に無理難題をやらせ、挙げ句の果てに失敗すると部下に責任をなすりつけるので、林はよくこぼしていました。以前から個人的に仲が良かった林を除けば、私自身はその頃、科学技術省の人たちと行動を共にする機会はほとんどありませんでした。

なぜ科学技術省の次官が四人も？ と思いましたが、私から今回の移動目的など聞くこともなく、これ以上深く考えることもしませんでした。広瀬、豊田、横山の三人は学者タイプの人たちなので、何か大変なことをさせられるという心配も、特にしませんでした。

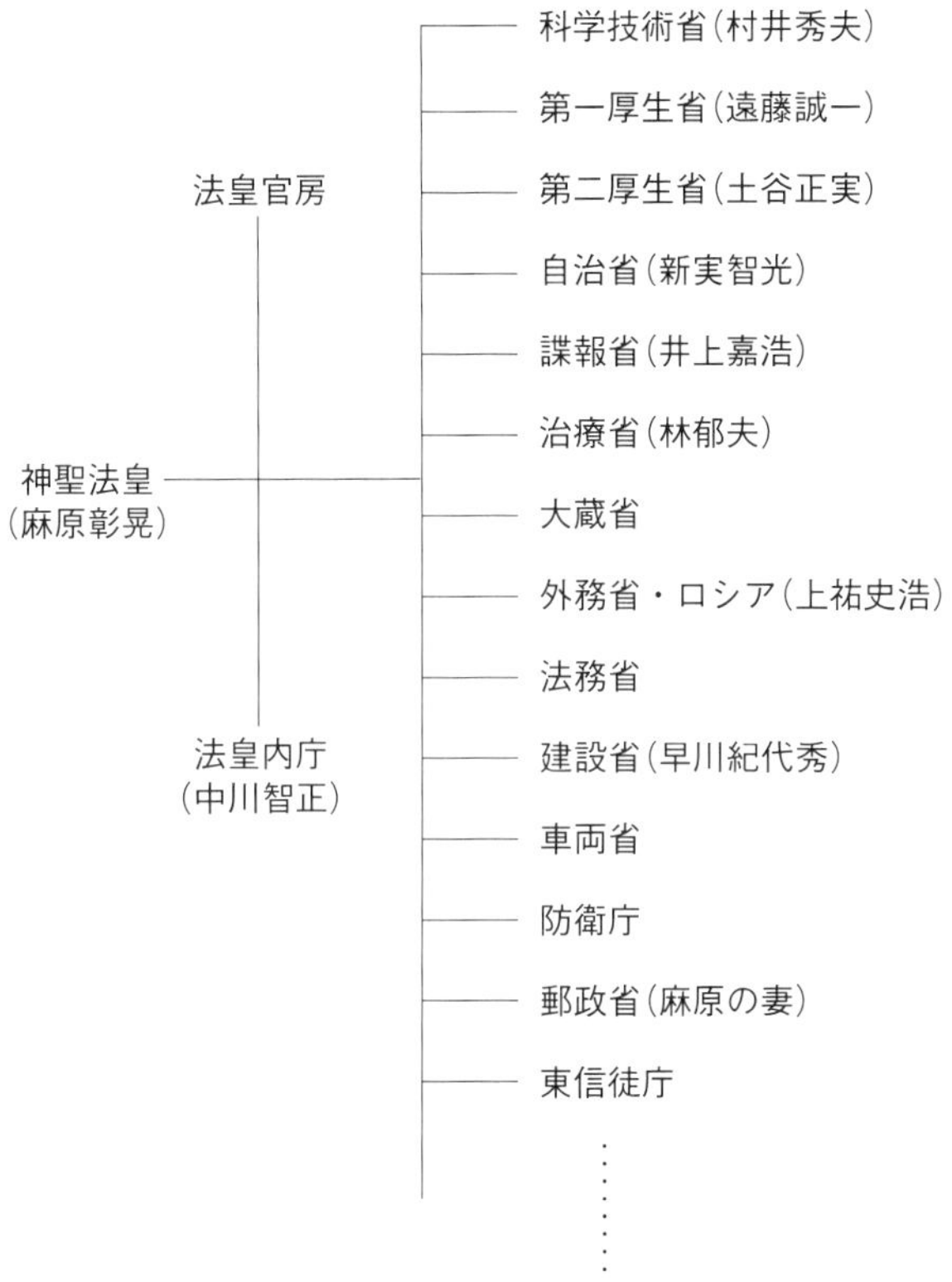

オウムの省庁制図（1994 年 12 月時点の構成）

それでも、林が杉並区の一軒家で井上嘉浩と待ち合わせをしていた時に、そこでの会話から、何かよからぬことをやろうとしているのは感じられました。井上が、これまでにやっていた非合法活動のいくつかは、私の耳にも届いていました。買い物や食事をしたりした後、駅の下見などをしているうちに、だんだん何をやるんだろうと不安が膨らんでいきました。たまたま車の中で、広瀬と二人きりになった時間帯がありました。彼は告げ口するタイプでもなく聞きやすかったので、思い切って聞いてみました。

「今回は何をやるの?」

広瀬は怪訝《けげん》そうな表情でした。行動を共にしている私が計画を知らないことに、驚いたのかもしれません。教団では、秘密の仕事は他人に口外してはいけないことになっていたので、どう答えていいか迷っているようにも見えました。

しばしの沈黙の後、彼はこう答えました。

「実験」

その後、私と広瀬の間にこんなやりとりがありました。

「何の実験なの?」

「地下鉄のような密閉空間で撒いたらどうなるか、の実験」

「何を撒くの？」

「ガス」

「何のガス？」

「サリン」

驚きました。動揺しながら、その目的を尋ねてみると、広瀬はこう言っていました。

「強制捜査を阻止するため」

この少し前に、教団が目黒公証役場の事務長を路上で拉致する事件を起こしており、警察が捜査をしていました。そのことは、報道もされていましたし、私も知っていました。しかし、地下鉄にサリンを撒いたりしたら逆効果ではないかというのは、当時の私でも思い付きました。それで、つい、こんな言葉が口をついて出ました。

「そんなことをしたら招き猫になっちゃうんじゃないの？」

元日付の『読売新聞』のスクープの後、サリンは処分したはずでしたので、広瀬は何か勘違いをしているのではないか、とも思いました。その一方で、化学者の土谷正実が新たな毒ガスを作ったのかもしれない、という不安も拭えませんでした。

何のために何をやろうとしているのかよく分からない。いずれにしても、かかわりたくありませんでした。ところがその時、サリン製造工場での作業に入る前に麻原が言っていた言葉がふっと頭に浮かんだのです。

「君たちが今からやろうとしていることは、その意味が君たちには分からないかもしれない。しかし、私の長い長い救済計画においては、大変深遠な意味があることなんだよ」

私は、麻原と出会った時からの様々な体験やエピソードを思い出し、「あの時、尊師はろうそくの炎を自在に操る神通力を有していた」「尊師と私はアストラル次元でつながっている」「尊師と私は一心同体なんだ」などとも思いました。今振り返ると、まるで自分で自分に暗示をかけているような状態でした。

そして、今回の計画も、私の次元から見たら意味は分からないが、「尊師」の高い次元から見て大変深遠な意味があるはずだ、これは救済なんだ、と思うことにして、私は不安を打ち消し、計画が進行していく流れに身を任せてしまったのです。

事件は、地下鉄にサリンを持ち込んで撒く実行役と、実行役を運ぶ運転役がペアになり、五組がそれぞれの担当路線で起こしています。私は、実行役の林泰男とペアを組むことになりました。林から「尊師の指示だから」と告げられ、「やはり、これは救済だ」という思いを強く持ちました。

自分の手で殺害を行ったTさんの事件に比べ、今回は車の運転を頼まれただけだ、という気楽さもありました。広瀬からは「サリン」と聞いていましたが、その後はみな「モノ」と呼んでいたので、本当にサリンを使うのかどうかも、最後までよく分かりませんでした。

功徳

事件当日、私たちは拠点にしていた渋谷区内のマンションから出発しました。車の中で、林から液体が入ったビニール袋と先端を尖《とが》らせた傘を見せられました。

「これで突けって言うんだよね」

ビニール袋を傘の先で突くという発想は、いかにも原始的で、これでうまくいくのだろうか、という気がしました。どうせ失敗するだろうという楽観的な気持ちと、もし土谷が新たな毒物の製造に成功していたらどうなるだろうという不安が心の中で交錯したまま、上野駅で林を降ろしました。その後、打ち合わせ通りに、秋葉原駅近くの待ち合わせ場所で彼を拾いました。拠点のマンションに戻ると、テレビがついていました。

しばらくすると、画面の下の方に「地下鉄でガスが発生し、人が倒れている」という趣旨のテロップが流れました。

地下鉄サリン事件の翌々日，山梨県上九一色村にあるオウム真理教の施設では，警察による捜査が始まった（1995年3月22日掲載）（写真提供：毎日新聞社）

「やったあ」と声をあげて喜んでいる者もいましたが、多くは押し黙っていました。

私は、これからどうなるのだろうという不安が込み上げてくるのを、「これは尊師の遠大な救済計画に基づいて行われたものだ。ポアによる救済だ」と念じることで抑えようと必死でした。

その後、実行犯が着ていた服などを河原で焼き、食事をして山梨の教団本部に戻りました。帰りの車は、林と新実が一緒でした。教団に戻ってから、麻原のところに報告に行きました。麻原は開口一番、「今回はご苦労だったな」と私たちを労いました。そして、新実の報告を聞いた後、こう言ったのです。

「これはポアだからな。分かるな」

そして、近くにあったジュースとパック入りのおはぎを、私たち一人ひとりに渡して言いました。

「グルとシヴァ大神とすべての真理勝者方の祝福によってポアされてよかったね」という詞章を一〇万回唱えなさい。それで、今回のことは君たちの功徳になるから」

私は、やはりこれは救済だったんだ、とすがるような気持ちで、与えられた言葉を唱えました。

その後、私は逮捕されました。教団では黙秘をするように命じられていましたが、取り調べの時に、どれほど多くの人が亡くなったり具合が悪くなったかを知らされ、とても黙り続けてはいられないと思うようになりました。ＯさんとＴさんの事件は、取り調べの早い段階で、自ら進んで話をしています。

裁判では、地下鉄サリン事件の実行役だった広瀬、豊田と一緒でした。彼ら二人は死刑判決でした。私も死刑になっても当然だと思っていましたが、地下鉄サリン事件は運転役だったのと、二つの事件の自首が認められて無期懲役となりました。実行役になるのも、運転役になるのも、麻原が決めたことです。私も、実行役に選ばれていたら、二人と同じように行動していたでしょう。麻原が誰を何の役に指名したかで、生と死が分かれるというのは、本当にいたたまれない気持ちでした。

忘れていたこと

私は、生きている限り、自分が知っていることはすべて伝えようと思い、裁判で証言したり、手記を書いたりしてきました。

そうしているうちに、それまで忘れていた、オウムに入る前のことをふっと思い出しました。おそらく小学五年生の秋だったと思いますが、母が押し入れから私が以前使っていたリュックサックを出して、「もう使わないんじゃね。だったら人にあげてもいいね」と言うのです。しっかりしたものでしたが、私には少し小さくなっていたのと、あまりに子どもっぽい絵がついていたので使わなくなり、別のものを買ってもらっていました。母は、私の名前を消して、どこかの施設に持っていきました。私は、お古のリュックサックなど誰がもらうものかと思っていたのですが、全くの間違いでした。受け取った子は大変喜んで、使ってくれたそうです。

この時のことを思い出して、急に涙が出てきました。両親がもう少し病気の苦しさを理解してくれたら、私の人生はもっと違っていたはずだと思い、恨んでいた時期がありました。

けれど衣食住などに困ったことはありませんでしたし、必要なものは買いそろえることができました。両親は両親なりに、一生懸命育ててくれたのだと思います。迷惑をかけてしまった申し訳なさと、育ててもらった感謝の思いが湧いてきました。その両親も、今はもうこの世にはいません。

それにしても、当時の私は、麻原に対して疑念や疑問をいだきながらも、オウムに留まり、犯罪まで実行してしまったのはなぜでしょうか。

一番大きな理由は、私が自分のアタマで考えることを放棄してしまったことだと思います。当時の私は、グルからの命令はどんなことでも無条件で受け入れ、グルに絶対服従することこそが真のグルと弟子の関係であると信じ込んでいた、というより、信じ込まされていたのです。これこそ、究極の、そして最悪の思考放棄なのだと思います。

九五年五月以降、私は身柄拘束が続いており、最近の世の中の動きについては詳しくありません。しかし、オウム(現・アレフなど)のような存在が、手を替え品を替え、形を変え、巧妙な方法で皆さんに忍び寄ってくることがあるかもしれません。それは宗教の形をとるとは限りません。自己啓発セミナーであったり、人生相談に応じてくれるサークルであったり、皆さんの身近にいるものがオウム関連、または他のカルト団体関連である場合もあるのです。

本来、このようなものにはかかわらないのが一番です。しかし、彼らの手口が巧妙であるために、全く気づくことなく、いつのまにかかかわってしまうこともあるかもしれません。

その場合、どうすれば問題のある集団だと見分けられるのでしょうか。

重要なことは、彼らが本来は断定したり断言したりできないことを断定・断言していないかどうか、注意することです。自分の主張や自分が尊敬する人の思想や認識が絶対正しいかのように断言し、ほかの人の主張や思想、認識などをすべて否定するなどしていないかどうか。真理や正義などのキーワードを巧みに使いながら、自分の宗教思想や世界観がどんなに素晴らしいかを語り、皆さんに同調させようとしていないかどうか。そうしたことに注意してください。

そして、最も重要なことは、自分のアタマで考えることだと思います。もし皆さんがそれと知らずにカルト関連の人にかかわったとしても、彼らの発する言葉に注意深く耳を傾けていれば、必ず違和感を覚える点があるはずです。その感覚を大切にしてほしいのです。そして、その違和感がなんなのか、その正体をご自身で考えてみてほしいのです。

違和感の正体が明確にはならない場合もあるでしょう。そうであったとしても、疑念・疑問を感じたというその事実こそが、とても重要で大切なことだと思います。たとえ明確な答えを導き出せなくとも、違和感や疑念・疑問について自分のアタマで考えることを行っていれば、皆さんが私のような過ちを犯す可能性はなくなるはずです。

ぜひとも疑念や疑問を感じる、その感受性を大切にして下さい。

＊この手記は、杉本受刑囚が獄中で書いたものを、筆者が再構成し、杉本受刑囚の確認・許可のもと、本書に掲載するものです。

4章

オウムに引き寄せられた若者たち

学歴と劣等感――井上嘉浩の場合

「大学理数化学の人材をぬきとる」「ドクター(医学)を集める」「美人を集める(看板)」「経済的センスを持っている人間(プロパガンダ=広報)」「法律専門家」……。

これは、麻原彰晃から新しい信者獲得の方針を聞いた教団幹部のメモに書かれていたものです。こういう人たちを、積極的に集めるように指示されたのです。

オウムの幹部には、高学歴、それも理科系の人たちが多いと言われますが、科学技術を用いて教団を武装化するため、教祖がそうした人材を欲しがったのです。

教団は、いわゆる有名大学にヨガやカレーなどのダミーサークルを作って勧誘活動をしたり、学園祭の時に麻原の講演会を催したりして、積極的に勧誘活動を行いました。

宗教団体なのだから、学歴を偏重《へんちょう》しがちな世俗とは違うはず、と思いきや、オウムの中もかなりの学歴社会でした。麻原に重用され、教団幹部となった人たちの中には、有名大学出身者が何人もいます。教団の祭典では出身校別歌合戦が行われ、信者たちが出身大学ごとに「○○大、歌います!」と宣言して、オウムの歌を歌ったりもしました。特に東大出身者は一目置かれ、「オウム真理教東大生グループ」の名前で、本も出しています。これは、東大進学を夢見ながら果たせなかった麻原のコンプレックスの裏返しでもあるかもしれません。

　1章で紹介した井上嘉浩は、高校を卒業してすぐに上京、教団での生活を始めますが、大学には行かせたい、という父親の意向で、いったんは私立大学の法学部に入ります。麻原も、それを認めていました。ところが五月になると、麻原は「大学はもう行かなくていい」と告げました。井上はショックを受けたそうです。その時の気持ちを、彼は裁判でこう語っています。

「教団のワーク（作業）を手伝っていて、オウムはやはり学歴社会と分かった。学歴のある人がリーダーになって、学歴がない人は雑用に追い立てられていた。法律の技術を身につければ（教団の）お役に立てるし、リーダーにもなれると思っていたが、それができない。僕はこれから、オウムの中ではノンキャリでやっていかなきゃならない、と思った」

　国家公務員の場合、採用時に上級試験に合格した者がキャリアと呼ばれ、幹部候補生として扱われて、それ以外のノンキャリアより早く昇進し、高級官僚となっていきます。井上は、それと同じように、自分は教団の中では学歴がないというハンディを背負うことになった、と思ったのです。

オウムの中にいる間、井上は自分の学歴に劣等感を抱いていたそうです。高学歴の他の幹部に対する反発心もありました。東大卒の幹部が教祖にかわいがられ、その部署は人も金もふんだんに使えることを羨《うらや》みながら、そのハンディを乗り越えようとがんばるのでした。

教団の中では、教祖との距離が近ければ近いほど、「解脱」に近づくとされています。教祖の近くにいて、その「救済活動」に携わることは、信者の夢でした。井上は、学歴のない自分が教祖に気に入られ、評価されるには、その意思を誰よりも忠実に実行し、期待された以上の結果を出すしかない、と思ったのでしょう。

彼は、オウムの中でも「激しい帰依《きえ》」と称えられるほど、教祖に対して強い忠誠心を示しました。ある時、麻原から「グルから「ポアしろ」と言われたら、両親のことをポアできるか」と問われた井上は、「尊師からやれと言われればやります」と即答しています。

まさか本当に両親の殺害を命じられることはないだろうが、それくらいの帰依心が必要なのだ、と覚悟したと言います。

修行だけでなく、教団の仕事にもがむしゃらに取り組みました。信者の勧誘、お布施集めで実績を上げたほか、企業に侵入して企業秘密の情報を盗み出したり、人を拉致するなどの違法な活動、さらには殺人事件など、あらゆる事件に井上はかかわります。

その一途な性格と「解脱悟り」への強い憧れ、そして「ノンキャリ」ゆえの劣等感を、麻原は巧妙に利用しました。他の信者の前で井上の口と鼻をふさぎ、苦しさにもがくと、「お前には信がない」と叱りつける。かと思うと、「修行の天才」と称賛し、仏陀の高弟で最後まで行動を共にした「アーナンダ」の名前を宗教名として与えるなどの厚遇もしました。井上は、気持ちを翻弄《ほんろう》されればされるほど、なんとかして教祖の信頼を確実なものにしようと一生懸命になるのでした。

恋愛禁止

井上は、一定の段階の「成就」を認められ、宗教名を与えられた後に、福岡支部長に任じられます。彼は、使命感に燃えて、懸命に勧誘活動を行いました。多くの信者を獲得して、評価されます。ところが、そんな中で彼は戒律違反を犯しました。教団の出家信者は恋愛禁止でしたが、ある女性信者のことが好きになってしまったのです。

それが発覚し、彼は四日間暗いコンテナに閉じ込められ、断水断食《だんじき》で修行をする、という厳しい罰を受けました。なんとかそれを乗り切って、ふらふらになっていた時、彼は麻原に呼ばれてこう声をかけられたのです。

「すまなかったな」

やさしい声でした。それを聞いて、井上は感激し、恐縮しました。さらに麻原は、「相手が彼女ならば、お前がそういう気持ちになったのもしようがない」と井上の恋愛感情に理解を示し、同情してくれました。そして、幹部会議では井上を破門にする意見も出たが、「わしが止めた」と言いました。それを聞いた井上は、「ノンキャリ」の自分をこんなにも大事にしてくれる、と教祖に対する感謝の気持ちで一杯になるのでした。

ところがその後、井上は衝撃を受けます。教祖の部屋に行った時、ベッドに、自分が好きになった女性が横たわっているのを見てしまったのです。

「最終解脱者」であり、戒律を超えた存在と自らを位置づけていた麻原は、高い世界に導く儀式と称してしばしば若い女性の性をむさぼっていました。

麻原は妻との間に二男四女をもうけましたが、気に入った女性信者を〝側室〟にし、少なくとも三人の女性との間で合計六人の子どもが生まれています。

またオウムでは、若くて見目麗《みめうるわ》しい女性を積極的に勧誘し、広告塔に利用していました。

一九九〇年の総選挙に麻原ら幹部が立候補した時には、一家そろって出家した四人姉妹をキャンペーンに利用。象の帽子をかぶって宣伝カーの上で踊らせるなどしたところ、テレビや週刊誌などに取り上げられました。

女性信者は、人の命を奪うような凶悪犯罪にかかわることは稀でしたが、その代わりに、性や若さや容姿を教祖や教団に〝奉仕〟させられていたのでした。

井上は、麻原のベッドにいる女性を見て、動揺はしましたが、麻原を救済者として崇《あが》める気持ちに変わりはありませんでした。教団の中では、教祖は信者が動揺するような場面をわざと作ったり、無理難題を強いたりして、信者に試練を与えているのだと教えられていました。それを乗り越えることが、「修行」とされていたのです。特に井上は、頻繁に困難な指示を与えられたり、プライドを傷つけられるような仕打ちを受けました。なぜ自分ばかりがそういう目に遭うのだろうと嘆きながらも、もっと教祖に自分の一生懸命な気持ちを分かってもらいたい、もっと認めてもらいたいという気持ちで、教団の活動に邁進《まいしん》するのでした。

「尊師の指示」を忠実かつ精一杯実行するだけでなく、「尊師の意思」を読み取り、先回りして動くこともありました。

地下鉄サリン事件では、彼は指示もされていないのに、地下鉄に関する情報提供や犯行に使用する車の手配、実行犯と運転役のペアを伝えるなど、精力的に動いています。警察の強制捜査が始まった後も、彼は新宿駅地下街のトイレに青酸ガス発生装置を仕掛けたり、東京都知事宛てに小包爆弾を送ったり、逮捕されるまで、教祖の逮捕を阻止しようと事件を起こし続けました。

そんな彼も、逮捕後、オウムは間違っていたと気づきました。事件を起こしたことを謝罪し、信者たちにも脱会を呼びかけています。

裁判が始まった時、井上は二六歳でした。しかし、傍聴していた私の目には、彼は実年齢よりずっと幼く、まだ高校生のように見えました。

彼の心理状態を鑑定した社会心理学者の西田公昭さんも、次のように証言しています。

「精神的には今なお高校生」「見かけは大人だが、人間は社会に出て経験を積んでいく間に成長していくもの。オウム真理教に入って、オウムの中での現実感は身につけただろうが、それは社会とはかけ離れている。常識、センスが発達していない」

心の未熟さが、その態度や外見にもにじみ出て、若く見えたのでしょう。

裁判官も、その若い命を摘んでしまうことにためらいを覚えたのでしょうか、一審の東京地裁は無期懲役の判決を出して、彼に生きて償う道を与えました。しかし、二審の東京高裁は、地下鉄サリン事件で彼が果たした役割の大きさを重視。「少なくとも実行役と同等の刑事責任がある」として、死刑を言い渡しました。精神的な未熟さや現在の反省は考慮しても、やったことの責任はとるべきだという厳しい判断でした。最高裁も高裁判決を支持し、死刑が確定しました。

生きる意味を探して——広瀬健一の場合

前にお伝えしたように、教団は特に理科系高学歴者を、取り込もうとしていました。そのためには、時には教祖自身が積極的にかかわりました。

地下鉄サリン事件の実行犯となり、死刑となった広瀬健一の場合もそうでした。

広瀬は、東京都で生まれ、両親と妹の四人暮らしで育ちました。父親は仕事が忙しく留守がちで、母親も近くの工場で、夕方から夜にかけてパートで働いていました。それでも、夕食時には自宅に戻り、一緒に食事をするなど、子どもと過ごす時間を大切にしていました。

両親にとって、学校の成績がよいだけでなく、心の優しい健一は自慢の息子でした。お祭りの時には、妹を連れて行くなど、妹思いのお兄さん。父親の勧めで小学四年生の時に剣道を始めると、熱が出ても休まないがんばりやでもありました。小学五年生の頃から、天体観測に熱中し、中学では天文部に入りました。

中学二年生の時には、通信簿に担任が次のような高い評価を記しています。

「学級委員として包容力あり、統率力あり、クラス内で絶対的な信頼を得ています。級友の面倒みがこんなにもいい学級委員は今まで見たこともありません。健一君のような生徒、学級委員に出会えたことは私にとっても幸せなことでした」

剣道は中学三年生まで続け、高校に入ってからはフェンシング部に入りました。私立大学の附属高校でしたが、成績がよく、奨学金をもらうことができたので、授業料はほとんどかかりませんでした。母親と同じ会社でアルバイトをして家計を助けたこともありました。

広瀬は、高校三年生の頃から、「自分の生きる意味はなんだろう」と考え始めました。彼は、オーディオ機器に関心があったのですが、家電販売店の店先で、少し前に発売されたばかりの製品が安売りされているのを見たのが、悩みのきっかけでした。

もともと理科系が得意で物作りにも興味がありました。けれども、商品の価値があっという間に下落し、失われてしまうのに、とてつもない虚しさを感じたのです。科学者が、社会にとって「よかれ」と思って開発した技術が、軍事に使われたりするのにも違和感を覚え、そうした仕事が虚しく感じられました。

あらゆるモノの価値が気になり、自分自身の人生の価値、生きる意味はなんだろう、自分が拠って立つべきものは何なのか、という問いが、彼の中をぐるぐると回り始めます。この時の心情を、広瀬は後に宗教ジャーナリストの藤田庄市さんに依頼され、学生に向けて書いた手記の中で、トルストイの『懺悔《ざんげ》』(岩波文庫)の一文を引用しながら、こう書いています。

「当時五〇歳だった彼(トルストイ)は、外面的には申し分なく幸福な状況でしたが、価値観の崩壊から「生きる意味」の模索を始めています」「特に「自分の立っている地盤がめちゃくちゃになったような気持ちがした。立つべき何物もないような気がした」という表現には共感を覚えます。それゆえに絶対的な価値を求める心理になるのではないでしょうか」

広瀬は、「朝《あした》に道を聞かば、夕べに死すとも可なり」という孔子の言葉にも共感した、と書いています。人がどう生きるべきかを悟ることができれば、その日の夕方に死んだとしても悔いはない、という意味です。彼は、哲学や宗教に関する本を読み漁ります。分厚いヨガの専門書を買って、そこに掲載されている行法を試してみたりもしました。

高校三年生といえば、普通は大学受験の勉強に忙しい頃ですが、彼の高校はいわゆるエスカレーター式に大学進学ができたので、本を読む時間はたっぷりありました。

宗教に関しては、仏教、キリスト教、イスラム教などの伝統宗教について書かれた文庫本や新書などを次々に読みました。人類の長い歴史の中でずっと続いてきたものには、何か答えがあるような気がしたからです。

夏休みに、キリスト教系新興宗教の伝道活動で家を訪れた男性の話にも、じっくり耳を傾けてみました。暑い最中に、どの家でも門前払いされながら、ひたむきに布教をしているのは何故なのか、そこに自分の無常観を克服するヒントがあるのではないか、と思ったからです。

男性は、広瀬には脈があると思ったのでしょう。訪問を繰り返し、熱心に語りました。しかし、すでに科学的な裏付けがある進化論を否定するなど、その話には説得力がない、と広瀬は思いました。彼は、この時のことを裁判でこう回想しています。

「(男性は)困った時に創造者に助けられた、と言うのですが、なぜそれが創造者の助けと言えるのか根拠が示されない。話についていけないと思いました」

教会にも誘われましたが、断りました。大勢の信者に囲まれて取り込まれたら困る、と警戒したのです。かといって、男性を論破したり、問い詰めることもしませんでした。他人の信仰を壊すのはよくない、と思ったのです。そんな他人の気持ちにも配慮する青年でした。

一〇回ほど男性の訪問を受け入れ、やりとりした結果、広瀬はこう思い至りました。

「教えが正しいかどうか確かめる方法がなく、不確かな教典を信仰の柱にしている。宗教は、やはり人を袋小路に迷わせるものではないか」

非現実的に思われる教義を、真偽を確かめる機会や根拠なしには受け入れられない、というのが、この時の彼の結論でした。

しかし、これで彼の「生きる意味」の探求は行き詰まってしまいました。宗教に頼れないとすると、拠り所にすべき絶対的な価値観をどこに求めたらいいのか分からなくなったのです。そもそもそのような価値を求めること自体、ないものねだりなのかもしれないという気もしていました。

それで彼は、虚しさを感じないで済むように、「実行可能な「生きる意味」」を定めることで、心のバランスをとろうとします。理科系の分野に興味があったので、物理法則を応用し基礎的な技術を開発する研究を目指すことにしました。具体的には半導体素子の発明などを考えていました。そうした技術は、家電製品などと違って、すぐに価値がなくなることもないだろうし、世の中の役にも立つ、と思ったからです。

それでも技術は日進月歩ですから、新しい発明もいずれ古くなるのは分かっていました。

でも、そこまで考えると、また虚しさが蘇って前に進めなくなるので、とりあえず棚上げすることにしたのです。

早稲田大学の理工学部に進み、固体物理学を学びます。高温超伝導に関する卒業論文を提出。成績は非常に優秀で、首席で卒業し、大学院に進みます。指導教授と共同で執筆した論文は、スイスの学会で評判となり、同国とアメリカの学術雑誌に招待論文として掲載されました。この教授は裁判で、「広瀬君が研究を続けていれば、世界の物理学はさらに進歩したと思う」と証言しています。

大学在籍中に、かつて勧誘された新興宗教に関する事件を知りました。小学生の男の子が交通事故に遭い、病院に運び込まれた際、かけつけた両親が信仰を理由に輸血を拒否したために手術ができず、男の子は亡くなりました。

教えの確かさが分からない宗教のために命が失われたことに、広瀬は衝撃を受けました。その頃、別のキリスト教系新興宗教が、先祖の因縁話などで人を不安に陥れ、印鑑や壺《つぼ》を法外な値段で売り付ける霊感商法も話題になっていました。広瀬の新興宗教に対する不信感は増大しました。

勉強やアルバイトで忙しいこともあって、「生きる意味」の探求は棚上げ状態が続いていましたが、完全に忘れることはできませんでした。大学三年生の時に、彼は瞑想法を指導する団体に入ります。「宗教ではないから」と言うのでやってみたのです。朝夕一五分くらいずつ、指導に従って瞑想を行ううち、瞑想中に視界が明るくなったり、身体が伸び縮みするような不思議な感覚を覚えました。

入信、そして出家

オウムに出会ったのは、大学院一年生の時でした。本屋で麻原の著書『超能力「秘密の開発法」』を手に取ったのがきっかけです。店頭でぱらぱらと拾い読みして、ヨガの行法とその効果などが整理して書かれている、と思いました。しかし、表紙に麻原の「空中浮揚」写真が掲載されていることに、いかがわしさを感じ、買うのはやめました。

そのまま忘れてしまえば、彼のその後の人生は、全く違ったものになったでしょう。

しかし一、二週間して、彼はその本を買いました。そこに書かれていた体内エネルギー「クンダリニー」覚醒の方法が気になったからです。後に、麻原の本を他にも数冊買い、読んでみました。

その中にあった、解脱悟りを得て「絶対自由、絶対幸福、絶対歓喜」の境地を得る、という記述に引きつけられました。そのような解脱悟りの境地を求めることは「生きる意味」に足るのではないか、と思いました。麻原や弟子たちの体験記を読むと、解脱への確かな道が存在するのかもしれない、と感じたのです。

それでも、やはり新興宗教には抵抗があり、当初は深入りするつもりはありませんでした。それがある晩、布団の中である「体験」をしたことで、状況が一転してしまいます。その時のことを、広瀬は裁判で次のように説明しています。

「寝入りばなに、バーンという爆発音がして目が覚めました。尾骶骨《びていこつ》から熱いドロドロしたものが頭に向かって流れていき、胸や腹に広がり、喉のところで止まって、そこから気体のようなものが上がって、頭蓋骨《ずがいこつ》がきしむような音が聞こえました」

広瀬は、逮捕後に拘置所の中で生理学や心理学などいろいろな分野の本をたくさん読み、当時の「体験」は「人が葛藤状態にある時に、脳内神経伝達物質が活性過剰な状態で起こる幻覚的現象」と理解するようになりました。

しかし、「体験」直後の広瀬は、これこそが麻原の本に出ていた「クンダリニーの覚醒」であると思い込んでしまったのです。本を読んだだけで「体験」したのは、「前世にも修行をしていて、本を読んだことで過去世の記憶が蘇ったのではないか」という気がしました。

自分の体で味わった「体験」は、それまで持っていた新興宗教への警戒感を、一気に吹き飛ばしました。以降、本に書かれていたオウムの世界観が、にわかにリアリティを帯びて感じられるようになりました。覚醒してしまった「クンダリニー」をコントロールするためにも、指導者につかなければと考え、彼はオウムに入信します。

在家信者として、教団の指導に従って修行を行い、麻原のエネルギーを受けるという儀式にも参加。何度も、非日常的な「体験」をしました。

実は、ヨガや伝統仏教の修行者でも、この種の超常体験をしている人はたくさんいます。伝統仏教では、そうした「体験」は修行の妨げとなる幻想や幻覚として、惑わされないように戒められます。

ところがオウムでは、「神秘体験」として肯定的にとらえるばかりでなく、教義の正しさや教祖のエネルギーの力を証明するものだと教えていました。しかも、麻原は信者にエネルギーを与えて修行を進め、入れ替わりに信者の悪い業(カルマ)を引き受ける、ということになっていました。教祖は自己を犠牲にして、信者の魂を浄化し、多くの人を救う救済者、という位置づけでした。

「体験」をきっかけにオウムにのめり込む人は、自ら体感しているので、親や教師など周りの大人たちがいくら意見をしても、教団の言うことが真実であるように思ってしまいます。教団は、信者を獲得し、心を呪縛するのに、「体験」の効果を最大限に利用しました。ただ、なかなか「体験」が得られない人もいます。教団はその後、薬物を使って手っ取り早く「体験」を起こさせるようになりました。覚醒剤やLSDなどの違法薬物を密造し、それを密かに飲み物に混ぜ、儀式と称して信者に服用させます。そのうえで、狭い部屋に入れ、教祖の声などを聞かせて、幻覚や幻聴を起こさせるのです。

広瀬も、度重なる「体験」が教義の正しさを示しているように思え、「オウムこそ真理だ」と思い込むようになりました。

日常生活の中でも戒律を守るように努め、誤って虫を殺したりしないように気を遣いました。生き物を殺すと、悪いカルマが蓄積されて、解脱悟りの妨げになると教えられていたからです。

入信当初、広瀬は「出家」をするつもりは全くありませんでした。両親の老後は長男の自分が面倒みなければ、と考えていました。それに、初期の麻原の本では、在家の修行でも解脱悟りは得られる、ということになっていました。

ところが入信後、普通の生活をしていれば、知らず知らずのうちに悪いカルマを積むうえ、一般社会は「煩悩《ぼんのう》」を刺激し増加させる情報に満ちあふれているので、解脱悟りは難しいと教え込まれます。また、子どもが出家をすれば、親も善業《ぜんごう》を積んだことになり、よい生まれ変わりができる、とも教えられました。次第に、広瀬の中に「数年後には出家したい」という思いが芽生えていきました。それでも大学院卒業後は就職することにし、大手電機メーカーの研究所に採用が決まりました。

当時、オウムは信者を増やし、教団の勢力を拡大しようと活発に勧誘活動を始めていました。特に、広瀬のような理科系の優秀な学生を「ぬきとる」のが麻原の意向でした。

一九八八年の年末、教祖と面談できる特別な機会が与えられたとして、広瀬は教団から呼び出されます。都内の教団施設に出向くと、面談室に通されました。そこには麻原と幹部一人がいました。開口一番、麻原はこう言いました。

「広瀬君、よかったね。いよいよ出家だ」

予想もしていなかった言葉に、広瀬は驚きました。

「いえ、すぐには無理です」

こう断ると、麻原は表情を曇らせました。

「広瀬君は否定的だな。若い君たちがやらなくて、誰がやるんだ」

そう言って麻原は、広瀬の肩を数回ポンポンと叩きました。そして、世の中は汚れきっているので、このままでは人類を救済する活動が間に合わない、救済活動の手伝いをする者を急いで拡充しなければならない、と切迫した口調で話しました。そして、再びこう迫ったのです。

「いろいろ都合はあるだろうが、この救済活動を、若い君たちがやらなくて誰がやるんだ」

人類救済という崇高《すうこう》な活動に、神にも等しい教祖が自分を必要としてくれている。この活動に身を捧げることこそ、自分の「生きる意味」ではないか……。そんな思いが募ったのでしょう。広瀬は修士課程を卒業したらすぐに「出家」すると約束してしまいました。

就職先は断り、家族には家を出る直前に話をしました。両親はびっくりし、父の妹まで駆けつけて、思いとどまるよう説得しました。

広瀬の気持ちも少し揺らいだようです。しかし、ここで「出家」をやめれば、親は出家を妨害するという悪業をなしたことになる、と教え込まれていました。広瀬は、「親のためにも出家をやめるわけにはいかない」と、説得を振り切ったのでした。

麻原との約束ぎりぎりの三月三一日に、彼は「出家」します。

感性を潰すための修行

「出家」後、広瀬はしばらく修行漬けになりました。現実社会は虚構のように感じ、オウムで語られている世界観こそが真実で、自分は絶対的な真理の道を歩んでいると確信して、毎日が喜びだったと言います。

オウムでは、人のあらゆる欲求や感性を「煩悩」と呼び、滅却すべきものだとしていました。たとえば美味しいものを食べたいという欲望はもちろん、美味しいものを食べて嬉しく思う感情も「煩悩」です。家族や恋人を愛しく思う気持ちも、「執着」であり「煩悩」であるとして否定されます。修行によって、「煩悩」を潰し、「執着」を絶つのがよしとされました。ヨガの行法、両膝両手、頭を地面につけて礼拝する五体投地《ごたいとうち》、瞑想などだけでなく、教団内では生活すべてが修行とされていました。食事や教団から命じられたワークと呼ばれる仕事もその一貫です。

食事は一日一回。教祖一家は焼き肉や寿司、メロンなどを自由に食べていましたし、一部幹部はファミリーレストランにも出入りしていましたが、広瀬を含めて多くの信者は教団から支給される「オウム食」と呼ばれる味の単調な食物だけを食べていました。

その内容は時期によって異なりますが、菜食で肉や魚はありません。教祖の姿を、喉元に思い浮かべながら、食べるように指導されていました。配られる食べ物には教祖のエネルギーが込められているとされていたので、カビが生えたり腐ったりしても捨てるわけにはいきません。腐ってドロドロになった白菜を生のままかじったり、カビだらけになった教団製の蕎麦《そば》を、教祖を念じながらひたすら飲み下した、といった経験をしている信者は少なくありません。

こういう食事は、じっくり味わっていたらとてもできるものではなく、広瀬も「食べ物というより、物質を食べている感じだった」と言います。そんな食生活を続けているとどうなるのでしょうか。一年半ほどした頃の状況を、彼は裁判でこう語っています。

「何を食べても味気なく、砂を食べているような感覚がした」

味を感じなくなっていたのです。しかも、彼はそうなったことを、「これで食の執着が落ちたのかな」と喜ぶのでした。

食事だけならまだしも、人のあらゆる感性を、このようにして潰していくのが、オウムの修行でした。

さらに、これまでに現実社会の中で身につけていた善悪などの倫理観、常識などの価値観も潰していきます。それを、教団では「観念崩し」と呼んでいました。そのために、いかにも非常識、あるいは倫理に悖《もと》る指示を出して、それに従わせていくのです。

麻原は信者に対して、自分の心を空っぽにするように、と説きました。

「その空っぽになった器に、グルの経験、あるいはグルのエネルギー、これをなみなみと満ち溢《あふ》れさせる。つまり「グルのクローン化」をする」

自分をなくして、教祖のコピーになれ、と言うのです。そのために、自分自身の頭で考えるのではなく、ひたすら教祖である自身や教団の指示に従うように求めました。

「(教祖や上司が)右と言ったら右、左と言ったら左に行けばいいんだ。もし、その指示が誤っていても、それに伴う悪業は上の者が背負うんだから」

違和感を覚えても、それを抑えこんで従う。そんなことを繰り返しているうちに、心が慣らされ、疑問も浮かばず、違和感さえ湧いてこなくなります。こうして信者は、一つひとつの指示について、是非善悪やそれがいかなる結果をもたらすのかなどを、自分自身で考えたりしなくなっていくのです。広瀬もそうでした。

一九九〇年の総選挙に出馬して大敗した後、オウムはボツリヌス菌などの生物兵器の開発に乗り出します。広瀬も、作業員の一人に任じられました。作業をしていたのは二十数人で、多くが幹部。女性もいました。

ある時麻原は、この作業をしている者を集め、「今からする説法は他言無用、録音もメモもするな」と断って、言いました。

「今作っているものは何か分かるか？　これを気球で世界中にばらまく」

麻原によれば、現代人はあまりに悪業を積んでいるため、宇宙の秩序が乱れており、それを自分たちが正している、とのこと。

「本来、そういうことは神々が天災を使ってやるのだが、そうすると残るべき者も残らなくなってしまうので、我々がやる」

広瀬は、かなりの人が死ぬかもしれない、と思いました。それなのに、ちょっと悲しい気持ちにはなっただけで、それが悪いこと、という発想は湧いてきませんでした。「このような方法でしか、人々の魂を救済できないのだ」と厳粛な気持ちになった、と言います。

人を傷つけたり殺したりすれば、どうなるか。その人が苦しんだり、無念な思いを残して人生を奪われるだけでなく、家族や友人など周囲の人がどれだけ悲しい思いをするか。そういうことは、全然心に浮かびませんでした。

子どもの頃、友達にも妹にも優しかった彼の人格は、すでにオウムの価値観に乗っ取られてしまったのです。

広瀬は、省庁制(3章参照)ができてから、科学技術省の「次官」に任命され、自動小銃の密造などにかかわります。世の中はもはや通常の布教では救済できないので、武力を使い、殺人をも肯定する力ずくの「救済」が必要だという漠然とした指示に対し、なんら違和感を覚えることはありませんでした。むしろ、作業が遅れていることを教祖に申し訳なく思いながら、寝る間を惜しんで作業に集中しました。

地下鉄サリン事件の実行役に指名された時には、さすがに自分が人を殺すことに、本能的な恐怖のようなものは感じたそうです。上司の村井秀夫から、「衆生《しゅじょう》のカルマを我々が背負う」と言われ、広瀬は、自分はまだそんなことができる段階に達していないのに大丈夫なのだろうかと感じ、一瞬「人選ミスではないか」と思いました。

けれども、その指示が悪いこととは、露ほども思いませんでした。彼にとって、これは崇高なミッションでした。そして、指示をされたからには「しっかりやろう」と決意します。

彼は、言われた通りに、サリンの袋と先端を尖らせた傘を持って、池袋駅から地下鉄丸ノ内線に乗り込みます。目の前に女子中学生がいるのに動揺し、途中駅でいったん電車を降ります。

「何もせずに、このまま駅の外に出てしまいたい」という思いが込み上げてきました。本来の彼の人格が、少し頭をもたげてきたのかもしれません。後に彼は、「降りていく人たちを非常にうらやましく感じました」と語っています。

そのまま、人の流れに乗って改札口に迎えば、彼は人殺しにならずにすみました。しかし、教祖の救済を自分の判断でやめるわけにはいかない、という気持ちが勝りました。

別の車両に乗り込み、打ち合わせ通り、御茶ノ水駅に着いた瞬間、床に落としたサリンの袋を傘の先端で突いて中の液体を流出させます。心に教祖の姿を思い浮かべ、教団で教えられたマントラ(真言《しんごん》)を唱えていました。サリンを吸って亡くなる人々の魂が、麻原との縁によって救済されるように、その時に自分の汚れが悪影響を及ぼしませんように、と念じていたのです。

広瀬自身も犯行時にサリンを吸い込んでしまったようで、帰りの車の中で、目の前が暗くなるなどの中毒症状が現れました。その時彼は、人を殺す行為のカルマが自分に返ってきた、と思いました。渋谷区の拠点に戻り、同じく実行犯で医師の林郁夫《いくお》に治療薬を注射してもらい、症状は改善しました。

その後、山梨県にある教団本部に戻り、麻原に報告。麻原はこう言いました。

「ポアは成功した。シヴァ大神とすべての真理勝者方が喜んでいる」

それを聞いて、広瀬はホッとしました。亡くなった人たちの魂はポアされた、すなわち高い世界に送られたのだと思ったからです。

事件にかかわった者の中には、前章で紹介した杉本のように、麻原への不信感が芽生えて教団を抜け出したり、麻原への恐怖心で離れたくても離れられないという葛藤を抱えたりした者もいました。しかし、広瀬はそういう気持ちになったことが一度もなかった、と言います。井上嘉浩の裁判に証人として呼ばれた時に、彼はこう証言しました。

「(逮捕後に)脱会するまで、オウムが好きだった。解脱という人生の絶対的な目標に向かって修行している充実感があった。修行によって得られた体験に引きつけられていた」

地下鉄サリン事件の時も、逃げ出して犯行に加わらないことは、物理的には不可能ではありませんでした。けれども、そういう選択肢は思い浮かばなかったのです。

「逃げ出せない、というより、逃げだそうと思いませんでした」

事件から二日後、警察の強制捜査が始まりました。広瀬がかかわった自動小銃の工場で、自分の名前が入った書類も押収されたことを知って、逮捕されるかもしれないという危機感を持ちました。

麻原からは「わしが逮捕されない限り、オウムは大丈夫だから、安心して(警察に)行ってこい」という伝言がありました。逮捕に備え、「完黙(完全黙秘)するぞ。下向(脱会)しないぞ」という決意を一〇万回唱えるように、という指示もあり、広瀬はその決意を一生懸命唱えました。

逮捕される前日、再び麻原からの伝言を渡されました。そこにはこう書いてありました。「極刑になろうが、無期(懲役)になろうが、黙秘せよ。物証はない」

逮捕された当初、広瀬は死刑になる恐怖より、自分がうっかり教団の秘密を話してしまうことが恐ろしく感じられました。自分が「三悪趣」と呼ばれる地獄、餓鬼、動物界に落ちるだけでなく、自白させた警察官など多くの人を巻き添えにしてしまう、と考えたからです。

自分たちは、正しいことをしたのか

彼が地下鉄サリン事件について話を始めたのは、逮捕されて一〇日後です。被害者遺族の調書を読まされたのがきっかけでした。そこには、大事な家族を殺されて、どれだけ悲しいか、苦しいか、そして犯人を恨んでいるかが綿々と綴られていました。

それ以上黙っているのが耐えられなくなった広瀬は、自分の行動だけを話しました。他の人のことや、ましてや麻原のこと、教義に関してはなかなか話せませんでした。事件は救済活動である、と信じる気持ちは根強く、自分のことについて供述した時も、情に負けてしまった、と自分を責めるなど、葛藤が続きました。

昼間は取り調べがあり、夜は独房で一人過ごします。寝る時間も削って教団の仕事をしていた時と違って、睡眠時間はちゃんと確保され、食事も定時に出されました。久々に、ゆっくりと自分で考えることができる時間と環境が与えられたのです。考えているうちに、ふとこんなことを思いました。

麻原は常々信者たちに、帰依がないと死んだ時にポアできない、と言っていました。お前たちの魂を高い世界に送ってやれないよ、だから帰依が大切なのだ、と。急に亡くなった人の場合はポアに時間がかかる、という話もありました。それなのに、地下鉄サリン事件では、直後に「ポアは成功した」と言っていました。亡くなったのは、オウムの信者でも何でもない一般人なのに……。

（これは矛盾するのではないか？）

それに気づいて、広瀬は愕然《がくぜん》としました。人を殺害したことが次第に心苦しく感じられるようになっていたものの、それまでは、犠牲者はポアされ魂は高い世界に送られた、と信じていました。「事件は正しかった」と考えるために、「ポア」はいわば最後の砦《とりで》でした。

ところが、それが誤りだとすると、自分がしたのは取り返しのつかない過ちだったのではないか……。ようやく、そう考えはじめました。

その後、広瀬は母親に頼んでいろいろな本を差し入れてもらい、考え続けました。その結果、オウムで言っていた「解脱」も、脳内物質の分泌がもたらす状態に過ぎないのではないか、と考えるに至ったのです。

過ちに気づいた彼は、事実を話すことだけが、自分にできる償いと思い、自身の法廷だけでなく、共犯者の法廷でも証言しました。麻原の法廷では、証人席の横で、かつての師が不規則発言を続けて妨害しましたが、広瀬は表情を変えることなく、淡々と事実を語り続けました。

その態度は誠実そのものでしたが、家族を奪われた遺族は、それで許せるはずはありません。証人となった被害者遺族が、法廷で広瀬に向かって泣きながら叫んだことがあります。

「お父さんを返して！」

その声は、広瀬の心に突き刺さったようです。その後しばらく、彼は精神に異常をきたし、会話もできず、ものも食べられない状態に陥りました。拘置所の房に引きこもり、裁判に出廷することもできなかったほどです。

治療を受け、家族や弁護士などの支えもあって、なんとか立ち直った広瀬は、裁判の最後にこう述べました。

「事件当時、私はオウムの独善的な世界観に凝り固まっていました。多くの人の協力で、教義の世界から脱することができました。非人間的な犯罪を犯したのに、私は多くの人に支えられている。この人たちを、無差別殺人の対象にしていたのだと思うと、自分の愚かさに、ただただ恥じ入るばかりです。亡くなった方、ご遺族、今も後遺症に苦しんでいる方々の苦しみは、私の想像を超えると思います。償いようがありません。命に替えて償うしかありません」

裁判所は判決の中で、広瀬の態度について、「真摯《しんし》な反省の念と被害者への謝罪の気持ちには、偽りがないというべきである」と評価しました。教団に入る前の彼についても、「人格高潔で、学業優秀」と述べました。

しかし、そうした事情を最大限に考慮しても、地下鉄サリン事件がもたらした結果は「あまりにも重大」だとして、死刑判決が言い渡されたのです。

地下鉄サリン事件の実行犯は、五人中四人が死刑となりました。

その一人林泰男を裁いた裁判所も、彼の友達思いの「善良な性格」を褒め、事件に対する反省・悔悟《かいご》も真摯なものだと認めています。判決文の中に、こんな一文がありました。

「およそ師を誤るほど不幸なことはなく、この意味において、被告人もまた、不幸かつ不運であったと言える」

これは、オウム事件に関与した者のほとんどにあてはまるでしょう。

事件によって命を奪われた人や遺族、健康を害した被害者やその家族はもちろんですが、加害者になってしまった信者やその家族の人生も不幸なものになりました。

オウムは、悲しみと苦しみをばらまいただけで、誰も幸せにしませんでした。

あのとき、自分の感性を信じていれば……――端本悟の場合

「あの時、自分の感性を信じるべきだった。なのに麻原を信じてしまって……。人間には善悪を判断する感性があることが素晴らしい。それを、神とかなんとか言ったのは、若気の至りでした」

坂本弁護士一家殺害事件など三つの事件で裁かれた端本悟は、裁判の最後に、悔悟の気持ちをこんな風に語りました。

その後、「結局、麻原がすごいというか……」と、かつての師の影響力に言及しようとし

て思い直し、再び「感性を信じるべきでした」と自分に言い聞かせるように言って、頭を下げました。

大学を中退し、二〇歳でオウムに「出家」。空手の腕を買われて、事件への関与を命じられた端本は、「武士道」とか「男気」とかの潔さに憧れ、自分もそのように振る舞おうとする一方で、どこかで引き返す決断はできなかったのかという悔いを断ち切れないようでした。こんなはずじゃなかった、できれば時間を巻き戻したい、そんな無念さが、彼の言葉や態度からはにじみ出ていました。

いったい彼は、どこの時点で人生を誤ってしまったのでしょうか。

端本は、新聞の折り込み広告関連の仕事をする父と専業主婦の母、そして三つ下の妹との四人家族に育ちました。

小学校の時はカブスカウトに入り、中学ではバスケットボール部と卓球部をかけもち。高校では卓球部に所属しました。スポーツだけでなく、本を読むのも好きな子どもでした。

母親の目には「素直な普通の子」でした。中学高校生になっても、反抗期らしいものもなく、親に隠し事もしませんでした。高校の時に友達に誘われて瞑想を始めた時も、「頭がすっきりするから、やるといいよ」と親にも勧めたくらいです。

進学校でしたが、大学進学は気乗りがしませんでした。同級生が受験勉強のラストスパートに励んでいた高三の冬には、新聞配達のアルバイトをしていました。アルバイトをした理由を、端本はこう説明しています。

「僕はとても恵まれていて、何となくこのまま勉強してて、これでいいんだろうか、と思った。自立心を養わなきゃっていうか、オヤジがやっているようなハードな仕事を、自分も学業と両立させられたら自立かな、と。お小遣いが欲しいというのもありましたけど」

両親は、そんな息子をちょっと心配しながら見守っていました。

「普通のサラリーマンにはなりたくない」

彼がそう言っていたのを、両親はよく覚えています。

父が「では、何になりたいのか」と尋ねてもはっきりしません。漠然と、青年海外協力隊の隊員になってみたい、という思いはありました。ただ、青年海外協力隊は日本で培った専門技術や技能を生かして途上国支援を行うわけですから、まずは自分がどういう分野に進むかを決めなくては始まりません。

平凡な生き方はしたくない。自分らしい、そして人や社会の役に立つ、意味のある人生を送りたい。自分の人生をかけるような何かを見つけたい。でも、それが何なのか分からないのでした。

反骨という生き方にも憧れました。武道を修めてみたい、という気持ちもありました。

「大学にはあんまり行きたくない」

これを聞いて、父はこう助言しました。

「大学に行って、いろいろ勉強したり、友達を作るのも無駄ではないよ」

端本は、素直に父の言葉に耳を傾け、一年浪人して早稲田大学法学部に進みました。その頃には、「弁護士になりたい」という気持ちも芽生えていました。お金を儲けるだけでなく、人を助けたり、社会のためになる仕事ができる弁護士は、生涯をかけるに値する職業だ、と思ったのです。

けれども弁護士になるには、司法試験という、年に一回しか行われない難しい国家試験に合格しなければなりません。なかなか合格せず、大学を卒業した後も、何年も勉強してようやく受かった人もいれば、諦めざるをえなかった人もいます。

そういう現実を知ると、気持ちがしぼんでいったようです。それよりも大学に入って始めた空手に夢中になり、稽古に熱中しました。アルバイトにも精を出し、楽しい大学生活を送っていました。

二年生の終わり頃、高校時代の友人からオウムの話を聞きました。友人は、すでに信者になっていて、「出家するつもりだ」と言います。端本は、強い口調で忠告しました。

「とりあえず、大学だけは出なよ」

友人を脱会させるつもりで、話を聞いたり、薦められた本を読んでみました。「輪廻」「カルマ」などの言葉がとても新鮮に感じ、「こんな世界があるのか」と、逆に興味が湧いてきました。そのうち、教団が主催するセミナーにも参加するようになります。当初は、麻原を完全に信じているわけではなく、友人の様子を見守るためでした。けれども、そうしているうちに、端本自身が急速に教団の教義に引きつけられていきました。

まじめに修行に取り組んでいる信者たちの様子や、麻原のカリスマ然とした態度、そして自分が修行をしてみて得た体験などから、オウムは釈迦が始めた仏教の修行をし、真理を実践する団体のように思えてきたのです。教団側も、彼は修行の進み方が速いと褒めてくれました。

「あなたは前生《ぜんしょう》から修行していたんですね」

これは、彼にとって「殺し文句」だったと、後に語っています。こう言われて、この修行を続けるのが自分の今生《こんじょう》での使命のように感じてしまいました。

こうして、最初は友人を止めるためだったのに、まるでミイラ取りがミイラになるように、彼はオウムにのめり込んでいきました。

「出家することにした」

ある日突然、父は息子からそう告げられ、仰天しました。

いったいオウムとはどんなところなのか。それを確かめようと、父と母はそれぞれ、教団の施設を訪れたり幹部と話をしたりしましたが、うさんくささ、危うさを感じ、懸命に息子を説得しました。けれども息子は、「最終戦争が起きる。それまでに最終解脱する人を何人か作らないと間に合わない」と言って聞きません。

人類救済活動、というオウムのキャッチフレーズに、端本はすっかり感化されていました。そこに人生を捧げる生き方が、彼の美学や義侠心《ぎきょうしん》にはまってしまい、自分の生を意味あるものにできると感じてしまったのでしょう。

父は、息子と旅行に出ました。仕事を失う覚悟で、説得するまで帰らないつもりでした。しかし、三日ほどで二人は戻ってきました。いくら話しても、オウムのことになると話はまったくかみ合わず、堂々巡りになるだけだったのです。

取り乱す母親の様子には心が揺れましたが、端本は、教団で教わった通り、「子どもが出家すれば、親も真理と縁が出来る。子どもが解脱すれば、これぞ本当の親孝行だ」と自分に言い聞かせました。

そして大学三年生の大晦日《おおみそか》の前日、端本は家を出て行きました。その時、彼は両親の前で正座して、こう挨拶しました。

「二一年間幸せに育ててくれて、ありがとう。大学の休学手続きはいらない。(休学に必要な)そのお金で、二人で旅行にでも行ってくれ」

母は、涙ながらにこう言いました。

「少しでもおかしいと思ったら、逃げていらっしゃい。裸でも出てきなさい。それから、あなたが人を誘っちゃだめよ……」

オウムの本とわずかな身の回りのものだけを持った端本を、母と妹は駅まで送りました。電車に乗り込む間際まで、母は言い続けました。

「少しでもおかしいと思ったら、帰ってくるのよ」

それから一年もしないうちに、端本は坂本弁護士一家殺害事件の実行犯となります。その半月ほど前、教団内の武道大会で優勝し、麻原の警備役に抜擢《ばってき》されたばかりでした。教祖がいるビルの外で警備の仕事をしていた時に、教団幹部の早川紀代秀から呼び止められ、早川の部屋に連れて行かれて、こう告げられたのです。

「坂本弁護士をポアする。お前は倒してくれりゃええ。あとは、わしらがやるから」

坂本弁護士とは誰なのか、端本にはまったく分かりませんでした。それでも、その人を殺害する、というのは理解できました。麻原の説法の中で、「ポア」は殺害の意味でも使われていたからです。

驚きました。なんと返事をしたらいいかと躊躇《ちゅうちょ》もしました。しかし、早川の勢いに押されるように「はい」と返事をしてしまいました。

教団では、上の者の指示に「やりたくありません」と答える選択肢はありませんでした。それでも心の中では、人殺しの手伝いをさせられるのは嫌だ、やりたくないと思いました。教義を信じ、麻原は絶対的な存在だと考えていたものの、この頃の彼は、まだ本来の感性を完全に失ってはいなかったのです。彼の感性は、懸命に警鐘を鳴らしていました。

けれども彼は、教義の理屈でこの事態を理解しようとします。すべての人の過去・現在・未来を見極めている麻原が言うのだから、「ポア」は善行であり、救済に違いない。自分の前世からの悪いカルマを断ち切るために、こういう辛い試練を与えて下さっているのだ。そう自分に言い聞かせたのです。そして、自分の役割は倒すだけで、「ポア」のお膳立てをするにすぎないのだから、と思うように努めました。こうして彼は、自分の感性を封じ込めてしまったのです。

早川から、「声をあげさせずに倒せ」と言われて、そんなことは不可能だという気持ちもありました。麻原は自分たち弟子のカルマを落とすことが目的なので、殺害はあえて失敗するような計画にしているのかもしれない、と考えたりもしました。

こんな風に疑問や違和感を自分自身で抑えつけ、教義の世界だけでモノを考えてしまうのが、オウムのようなカルトの心の支配の特徴です。

路上で襲撃する計画は、当日になって変更されました。坂本弁護士の自宅玄関の鍵がかかっていないことが分かり、深夜に自宅に押し入ることになったのです。端本は、麻原が思念を送って坂本弁護士に鍵を閉め忘れさせたのだと思い込み、麻原の神秘力への信仰心はますます高まりました。

午前三時頃になって、早川、岡崎一明らを先頭に、端本を含めた六人の実行犯が、坂本弁護士の自宅になだれ込みました。端本は、寝ていた坂本弁護士に馬乗りになり、顔を六、七発殴りつけました。その後のことは無我夢中で、あまりよく覚えていないようですが、強く記憶に残ったこともあります。妻の都子さんが悲鳴をあげたため、口を押さえようと右手を伸ばしたところ、薬指を強く咬《か》まれたのです。膝落としをしてふりほどいたところ、「子どもだけは…」と命乞いをする都子さんの声が聞こえました。

「足を押さえろ」

誰かの声が聞こえて、端本は坂本弁護士の足を押さえました。

しばらくして坂本夫妻の抵抗はなくなり、修羅場のような殺害現場は静かになりました。この時、村井秀夫がぐったりと動かなくなっている子どもを抱えているのを見て、端本は愕然としました。

(子どももいたのか……)

その後、被害者三人の遺体を運び出し、いったん富士宮市の教団本部に戻った後、遠くの山中に埋めに行くことになりました。端本は遺体を乗せたワゴン車を運転するよう命じられました。

証拠隠滅の作業がすべて終わって、教団本部に戻ると、教祖の部屋へ招かれました。端本が麻原の自室に入るのは、このときが初めて。自分のようにレベルの低い信者が近くに寄って、清らかな教祖のカルマが汚れてしまわないかと、畏《おそ》れ多い気持ちでした。間近に見る教祖に迫力を感じ、動揺している自分の心を読まれるのではないかと緊張しました。

早川や岡崎の報告を聞いた後、麻原は坂本一家の「転生先」を語りました。坂本弁護士は地獄、妻子は一方が餓鬼界、他方が動物界とのこと。これを聞いて端本は衝撃を受けました。（「ポア」は、今より高い世界に魂を送ることだと信じていたのに、地獄行きとはどういうことか……）

途中から、教祖の言葉も耳に入らなくなりました。彼の感性は、再び「これはおかしい」と告げ、警鐘を乱打していたのです。

「本当は、そういう感性に素直に従えばよかった」

端本は後に、激しくそう悔やむことになります。けれども当時は、やはり教義でモノを考えてしまい、「これは犯罪ではない。ポア(という宗教行為)だ」と自分に言い聞かせるのでした。

教義と感性の間で

その後も、彼は教団の教義と自身の感性の間で、幾度も心が揺れました。

坂本事件の五カ月後、一家の行方を探す弁護士や市民のグループ、信者の親たちで作る「被害者の会」のメンバーが、教団施設周辺にやってきたのです。その日は、坂本弁護士の誕生日でした。一行は、事件で教団の関与が疑われていることなどを語り、信者は心配している家族の元に帰るよう呼びかけました。

端本は、両親が「被害者の会」に入っていることを知らないまま、施設の外で警備を行っていました。その姿を父親が見つけました。

弁護士も含めて何人かが端本を囲み、母親が語りかけました。

坂本堤弁護士の妻・都子さんの遺体捜索は，富山県魚津市の僧ヶ岳の山中で早朝から始まった(1995 年 9 月 6 日掲載)．同日，長野県では長男・龍彦ちゃん，新潟県では坂本弁護士の遺体捜索も行われた(写真提供：毎日新聞社)

「あなたは知らないだろうけど、坂本さんという弁護士さんがいなくなってね、オウムはそういうこともやる所なのよ。早く出てきなさい」

端本は腕組みをしたまま、

「マスコミが言ってるだけだよ」

と言うのが精一杯でした。

両親だけでなく、周りにいた人たちも「とにかく家に帰ろう」「ここにいちゃだめだ」と説得しました。端本は、「今度、家にあるスーツを取りに帰るから」と言って、その人の輪から抜け出しました。

オウムへの出家が一番の親孝行だと信じていたのに、自分が事件の犯人だと知ったら、両親はどれほど驚き、悲しむだろう。そう思うといたたまれませんでした。その晩、端本は道場の隅で、一人泣いていました。

事情を知った麻原が、端本を呼びよせ、こうささやきました。

「お前は前生、わしの息子だった」

それだけ自分とは縁が深いんだよ、という意味です。だからこそ、そういうお前を事件に加えるよう、シヴァ大神から指示があった、というのです。そして、獅子が千尋《せんじん》の谷に我が子を突き落とすように、慈愛をもって試練を与えているのだ、と告げました。

この時端本は、麻原に父親のような慈愛を感じてしまい、信じる気持ちが強化されました。

こんなこともありました。

麻原のインド行きに同行した時のことです。チベット仏教の最高指導者ダライ・ラマ法王との面会が実現しました。法王は、一人ひとりにカタと呼ばれる白いスカーフを渡してくれました。チベット仏教関係者によれば、ダライ・ラマ法王は日程さえあえば、誰にでも会い、カタで出迎えてくれるのだそうですが、端本はこの出来事を過大評価してしまいます。ダライ・ラマ法王という世界的な権威に、麻原は高い評価を受けているのだ、と思い込んでしまったのです。

（尊師にはそれだけの力がある。やっぱりあれはポアで間違いない）

そう安心するのでした。

何かあるたびに、端本の気持ちは右に左に揺れました。一度は、教団を抜け出し、自宅の前まで戻ったこともあります。しかし、家の中にはどうしても入れませんでした。

麻原を畏れ、敬い、信じる気持ちと、それを否定する彼自身の「感性」の間で行きつ戻りつしながら、彼は結局オウムから離れることはできなかったのです。「感性」のささやきは、教義の理屈、教祖が持っていると言われていた「神秘力」に対する畏れ、麻原を絶対視する教団の雰囲気、チベット仏教や麻原を評価する日本の文化人の権威などの大合唱の前にかき消されてしまったのです。

裁判の途中でも、端本は繰り返し言いました。

「自分の感性を信じるべきだった」

「今思うと、引くのも勇気だった」

どんな立派な教えや権威や他のみんなが言うことよりも、自分の感性を大事に。これは、彼からの若い世代への遺言だと思います。

家族で出家――林郁夫の場合

オウムに「出家」した信者の多くは、一〇代後半から三〇代前半くらいまでの「若者」世代でした。

これまで紹介したような、井上や広瀬、端本のように、社会的経験がほとんどないままオウムに飛び込んだ人もいれば、一定の勤務経験があって、そこを辞めて「出家」した者もいます。多くが独身でしたが、かなりの社会経験を積み、家族ともよい関係を築いてきた働き盛りの大人が、一家そろって「出家」する、というケースもありました。

その一人に、地下鉄サリン事件の実行犯、林郁夫がいます。彼は、心臓外科医でした。麻酔医の妻と二人の子どもと共に、四三歳の時に「出家」しています。

林は、東京の開業医の家庭に生まれました。六人きょうだいの下から二番目。満月の晩に父親が「きれいだよ」と声をかけると、家族みんなで二階に上がって月に見入るような、仲の良い家族だったようです。東京にもまだ原っぱがあり、近所のお母さんたちが用水路で大根を洗っている、そんな環境で子ども時代を過ごしました。慶応義塾中等部に入り、テニスを始めます。受験勉強の必要はなく、のびのびと育ちました。

高校三年生となり、進路を選択する頃、彼はこんなことを考えていた、と言います。

自宅近くの原っぱがなくなり、自然はどんどん壊されていく。世界では人種差別もなくならないし、戦争も起きる。今の自分では、とうてい力が及ばないそういう問題も、解決するための法則のようなものが、きっとどこかにあるはずだ。いつか、それを追究してみたい。

成績はよく、医学部に進学しました。国家試験に合格した後、研修医として臨床の現場を経験した結果、彼は心臓外科を専門に選びました。その理由の一つが、「癌《がん》を診療しないですむ」ことだったと、彼は手記に書いています。心臓に癌はまず発生しないからです。

現在の医療現場では、進行した癌でも患者本人に正確な情報を伝えるようになっていますが、林が医師になった頃は、本人には癌の告知をしないのが普通でした。患者は「不治の病」を受け入れられないだろうし、医療現場は患者の精神的なフォローはできない、というのが当時の常識だったのです。林は手記にこう書いています。

「したがって、患者さんには病名とその予後に関して、必然的に嘘をいうことになります。医療者側と家族は嘘をつき続け、患者さんは疑心暗鬼で苦しむ(中略)当時の私は癌の手術をしていてつらかったのです」

(『オウムと私』文春文庫)

アメリカに留学し、帰国してからも心臓外科医としての実績を着実に積み重ねていました。ただ、いくら技量を上げても、救えない患者はいます。逆に、「まず助からないだろう」と思いながら手術をした人が、予想外の回復を見せ、元気に退院したりする場合もあります。命の不可思議さを思い、死と向きあうたびに、なぜ、この人は死ななければならなかったのか、死んだ後に人はどうなるんだろう、などと考えました。

そこから宗教に関心を抱いた林は、仏教系の新興宗教団体に入信して、その教団が勧める修行も行っていました。また、亡くなった人の枕元で読まれるチベットのお経『死者の書』の日本語訳が出版されると買い求め、そこに出てくる転生の過程を、病院で死亡した人の傍らで語りかけたりもしました。

よく行く書店にオウムの機関誌が並ぶようになり、これをきっかけに麻原の本を立て続けに読みました。麻原が瞑想で体験したという「死」のプロセスが具体的に書かれているのに、感銘を受けました。弟子たちに修行法を伝授し、「成就」させているというのも魅力に感じ、入信しました。

当時の林のオウムに対するイメージは、釈迦の原始仏教を現代において実践する集団、というものでした。特に、「苦の詞章」と呼ばれる〝聖句〟が心に響きました。

「自己の苦しみを喜びとし、他の苦しみを自己の苦しみとする」

信者たちは、教祖から与えられたこの言葉を、繰り返し唱えていました。林は、麻原が自分の生命を削って、人々の救済活動を行っていると信じ込んでしまったのです。

林が入信してまもなく、週刊誌が教団を批判する連載を始めました。坂本弁護士一家が行方不明になった事件が公表されると、教団との関連が指摘されました。当時の林は、坂本一家の事件にオウムは無関係という教団の主張を疑っていませんでした。

そんな最中に、林は麻原との面談の機会を与えられました。麻原はこう切り出しました。

「そろそろ出家しませんか。もう時期ですよ」

オウムは、科学者だけでなく、医師も積極的に集めました。元々、麻原は漢方薬局を経営するなど東洋医学に関心があり、教団の目標の一つに「病苦からの解放」を掲げていました。『麻原彰晃のあっ、ガンが消えた！』(新しい医療研究会編、オウム)という本も出しています。

有名大学出身のベテラン医師である林は、麻原としてもぜひ欲しかったのでしょう。広瀬の時と同じように、自ら「出家」を勧めたのでした。

突然の話に、林がうろたえ、「まだ妻とも話をしていないので……」と言葉を濁すと、麻原はたたみかけてきました。

「奥さんには、私や他の幹部から、よくお話しするから」

押し切られるように、林は「お願いします」と答えました。

病院での仕事や子どもの教育のことを考えると、困ったな、という思いが湧く一方、約束したからには、できるだけ早く実行しなければ、とも考えました。メディアなどのオウム批判は、彼を引き留めるより、かえって「出家しなくては」という気持ちにさせました。当時の彼は、こんな風に思っていたのです。

（一部の心ない人たちによって世論が形成され、真の仏教集団であるオウムが潰されようとしている。この受難の時に立ち上がらなくて、いつ立ち上がるのだ。これはグルの意思なのだ……）

使命感に駆られ、彼は「出家」への気持ちを固めました。妻は反対しましたが、結局説き伏せられました。

オウムでは、「出家」の時に全財産を教団にお布施をし、死んだ場合の対応もすべて教団に任せると誓約することになっていました。林夫妻は、二人が所有していたマンションを売った金も含めて八〇〇〇万円ほどと車二台など、財産すべてを教団に提供。最後は使いかけのテレホンカードまで提出しました。

家族で「出家」しても、教団の中では一緒に生活はできません。林はオウムの医療部門に、子ども二人は「子供班」に、妻は洗濯などの作業をする部署に配属となりました。

林が「出家」してまもなく、教団は都内にオウム真理教附属医院（通称ＡＨＩ）を設置。医師は他にも何人かいましたが、臨床経験が豊富なのは林くらいでしたから、頼りにされました。

ただ、ＡＨＩは医療機関のはずなのに、医師の判断より麻原の指示が優先されていました。患者の入院も、症状に応じて医師が決めるのではなく、お布施額が多い人が優先的に選ばれていました。

林は、教団にとって格好の広告塔でした。彼のような「エリート医師」がいることは、新たに信者を獲得する時にも役に立ちました。「こういう人も入っているのだから、おかしな教団ではない」と思わせる効果があったのです。

一九九三年一二月一八日深夜、林がいたＡＨＩに、医師の中川智正から連絡があり、教団幹部の新実智光が運び込まれてきました。中川と新実は、坂本弁護士一家殺害事件にかかわるなど、早くから教団の犯罪に関与していましたが、当時の林はそういうことはまったく知りません。

新実に意識はなく、呼吸が困難な状態でした。林は手早く気管内挿管《そうかん》をして人工呼吸器に接続し、点滴を開始し、尿カテーテルを挿入するなどの処置を施した後、中川に尋ねました。

「いったい原因はなんなのですか。原因が分からなくては、ちゃんとした治療はできませんよ」

中川は「ちょっと待って下さい」といったん外に出て、すぐに戻ってくると、声をひそめて言いました。

「実はサリンです。ちょっと来ていただけますか」

外に止めてあった黒いベンツの後部座席に案内されました。麻原の専用車です。助手席にいた麻原は、振り向きもせずこう言ったのです。

「池田大作をサリンでポアしようとしたが、失敗した」

林は一瞬事態が飲み込めず、返答に窮しました。それでも、オウムが創価学会のトップを殺害しようとしたことは、なんとか理解できました。

意味が分かった時、林は「やばい」と思いました。「まずいことを聞いてしまった」と焦ったのです。同時に、ここで動揺したり、批判的なことを思い浮かべれば、麻原に心を読まれてしまう、と緊張しました。

ＡＨＩに戻り、中川からサリンの治療薬を教えてもらって投与しました。できるだけ麻原に対して否定的なことは考えないように努めました。教祖がやることに間違いはないはずだ、今回も相手のカルマを見通して、一番いい方法をとったに違いないと思い込むことにしたのです。麻原が絶対的に正しいとするなら、なぜ失敗したのか、という疑問が湧いても当然ですが、当時の林の心には、そうした問いは浮かびませんでした。

これは戦争だ

以降、林は違法な「秘密のワーク」に駆り出されるようになりました。最初は、中川と井上嘉浩が実行する在家信者の高齢女性の拉致でした。中川が麻酔薬を注射して眠らせ、教団施設に運び込んで、そこで儀式を受けさせ、多額の金銭をお布施をさせようというものです。この女性は林を信頼し、よく診察を受けていました。女性に安心して注射を受けさせ、施設まで運ぶ途中の体調管理をする役割が、林に与えられました。

明らかに違法な行為です。しかし麻原は、年寄りは残された少ない時間で今生の悪業を清算させなければならない、と言いました。財産は死んだ後に持っていけないし、なまじ財産があると金銭に執着する悪いカルマを積むことになる。無理矢理にでも教団に布施をさせれば、その金は真理の実践に使われるので、当人のためになる。そんな教団の勝手な理屈を、林は受け入れたのです。

この後、林はいくつかの拉致事件で、自分自身が麻酔薬を注射するなど犯行に直接関与するようになりました。

こんな風に、最初は比較的ハードルの低い行為で犯罪に手を染めさせ、だんだん不正に慣れさせ、違法性の高い行為へとハードルを引き上げていくやり方を、林は後に「「踏み絵」と「慣らし」」と呼びました。

さらに林は、薬物を使った儀式や、麻酔薬を自白剤として使い信者の本心を告白させるスパイチェックなど、医療を悪用した教団の活動にかかわるようになりました。目黒公証役場事務長拉致事件では、教団施設に運び込まれた被害者を麻酔薬を使って尋問しています。

こうして多くの事件に関与した林ですが、実際に自分で人を殺害するのは、地下鉄サリン事件が初めてでした。

指示を受けた時には、動揺しました。やりたくない、なぜ自分が……という思いも湧いたようです。一方で、自分がやりたくないことを他人に押しつけるわけにもいかない、という気持ちにもなりました。

公証役場事務長拉致事件で、警察がオウムに強制捜査に入りそうだという話も聞いていました。

(そうなればオウムが潰され、真理を実践する唯一の団体がなくなってしまう。なんとしてでもオウムは守らなければならない……)

そんな思いで、彼は指示を引き受けました。

(これは戦争だ)

当時の状況を、彼はこう受け止めていました。「出家」した時と違い、オウムが犯罪を犯していることは知っていました。それでも彼にとっては、オウムは貴重な「真理を実践する団体」であり、麻原は人類の救済者で、それを守るための戦いと考えたのです。

かつて麻原が、自分は中国・明の始祖である朱元璋《しゅげんしょう》(洪武帝《こうぶてい》)の生まれ変わりであり、現在の高弟たちは、その頃から一緒に転生してきたと語っていたのも思い出しました。朱は一兵

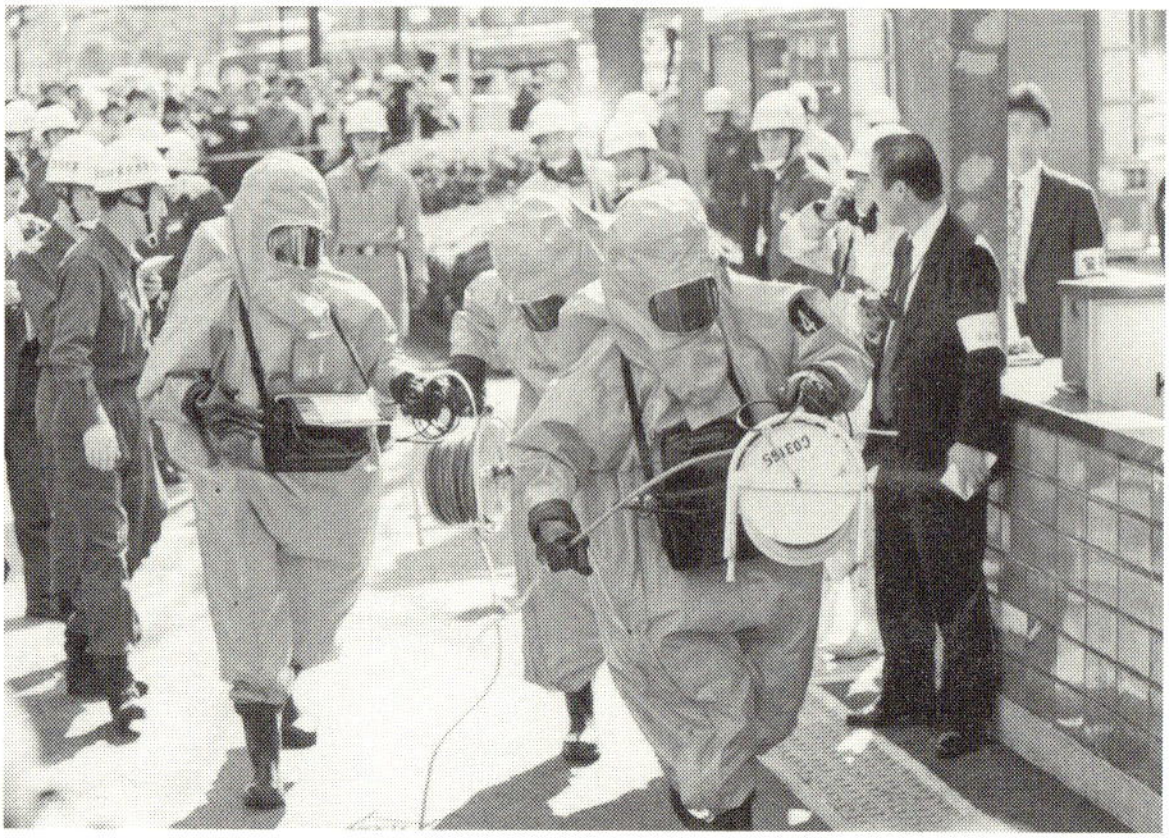
完全装備で地下鉄・霞ケ関駅構内に入る消防庁・化学機動中隊の隊員たち（1995年3月21日掲載）（写真提供：毎日新聞社）

卒から身を起こし、軍を率いて元を追い払い、全国を統一しました。あの時代と同じように、今もまた武器をとって戦う時なのだと考えたのです。

こんな風に、林の頭の中は、麻原から教えられたオウム流の思考で占められていました。戦いの相手は、国家権力のはずでした。ところが、実際にサリンの袋を持って、地下鉄の電車に乗り込むと、ランドセルを背負った女の子や会社員風の若い女性の姿がやたらと目につきました。

国家権力の代表者とは思えない人を殺さなければならないのか、と一瞬の動揺がありました。しかし、すぐに「今は「一般社会vsオウム」の戦いなんだ。真理のため、救済のための戦いなんだ」という思いが、心の迷いを抑えました。麻原がそれぞれのカルマを見極めて亡くなる人を選定し、その魂は高い世界に送られポアされる、と信じていました。目の前の女性に向かって、「これは戦争なのです。高い世界にポアされて下さい」と念じました。

彼がサリンをまいた路線では、乗客の死者は出ませんでしたが、霞ケ関駅のホームに蹴り出されたサリンの袋を片付けた駅助役の二人(高橋一正さん、菱沼恒夫さん)が亡くなりました。

黙秘のあとで

強制捜査が始まり、林は北陸方面に逃走しましたが、約半月後に逮捕されました。逮捕後、教団の弁護士が何度か面会に来て、そのたびに取り調べに黙秘をするよう指示しました。

当時、地下鉄サリン事件に誰が関与していたか、捜査機関は分かっておらず、林も信者の拉致事件など別の事件で取り調べを受けていました。オウムの教えは正しいと信じていた林は、今こそ教団の正しさを主張すべきだと考えていたので、黙秘の指示は納得できませんでした。

しかも、留置場の看守や取り調べの担当刑事は、教団で言われていたようなひどい人たちではなく、自分の仕事を誠実にこなしているように感じられました。

取り調べを担当したのは、ベテラン刑事の警部補でした。教団の価値観に凝り固まった林の心を解きほぐし、以前の自分を思い出してもらおうと、取り調べの時に「先生」と呼びかけました。心臓外科医として活躍していた時には、こう呼ばれていたはずだからです。言葉も丁寧で、林を一人の人間として尊重した取り調べを行いました。

林は、だんだん苦しくなりました。麻原が、このように肝腎な時に沈黙して語らず、自分たちにも黙秘を指示する意味が分かりませんでした。けれども、指示に反して事実を語れば、教祖に背くことになりますから、それは信者としてはできません。悩んだ挙げ句、死んで自分を消してしまいたいと思い詰めるようになりました。

強く死を意識した時、「その前に、かつてお世話になった人たちや家族に対して、自分の思いを書き残しておきたい」という気持ちが込み上げてきました。特に妻には、自分が最後まで麻原を信じて、教えに殉じるつもりで死ぬのだと手紙で伝えたかったのです。捜査中の林は、親族とも面会や手紙のやりとりが禁じられていました。

妻にひとこと書き残すこともできないのか。そう思った時、自分たちが撒いたサリンで亡くなった人々のことが浮かびました。

（あの人たちは、どうして、何のために死ななきゃいけないのかも分からず、誰にも何も伝えられず、本当に無念だっただろうな）

被害を受けた人たちにも、家族や友人や職場の同僚など、いろんなつながりがあったことでしょう。そんな、それまで考えもしなかったことが胸に迫ってきました。いかに多くの人たちに、自分たちは悲しみを与えてしまったのだろうか……と。

それまで、たがはめられたかのように動かなかった想像力が、急に働き出したのです。

（もし麻原が間違っていたとしたら……）

封印していた、こんな疑問も湧いてきました。

阪神淡路大震災の時、たくさんの人がボランティアに向かったことも思い出しました。麻原によれば汚れきっているはずの現代人が、他の人のためにボランティアに駆けつけていると知った時に、林は大変驚いたのです。

（人間には、日々いろんな心がある。地獄に行ってもおかしくないようなひどいことを考えるときもあるけれども、その次の瞬間には、自分自身の利益を度外視して他の人のために尽くそうとする、神仏にも似たような心を持ったりもする。麻原は、そういう人間の心を分

かっていない）

そう思ったところから、林は本気で教義や麻原について考え始めました。そして、信じていたものが誤りであると気づいた時、自分が奪った命の重さを実感しました。

彼が、自ら地下鉄サリン事件について語り始めたのは、最初の逮捕からまもなく一カ月になろうとする日の夕刻でした。その日の取り調べが終わろうとした時、椅子に座っていた林は背筋を伸ばし、こう切り出したのです。

「サリンを撒きました」

取り調べに立ち会っている巡査部長が驚きの声をあげました。

「先生、ウソだろう？」

警部補もすぐには信じられませんでした。

「誰かをかばってるんじゃないの？」

それを聞いて、林はこう言い直しました。

「私が、サリンを撒きました」

二人の刑事は、半信半疑のまま、林に知っていることを書くよう勧めました。書き上げた上申書には、他の四人の実行犯や指示を出した村井の名前もありました。

　この報告を受けて、警察の中枢部は大騒ぎになりました。翌日から、林に対する本格的な取り調べが始まり、その供述は麻原を逮捕する時の重要な証拠にもなりました。

　取り調べを担当した警部補は、裁判でこう証言しました。

「事件捜査全体の流れが変わった。彼の供述によって、攻守所《こうしゅところ》を変えた」

「彼は生真面目なんです。普通の犯罪者は、自分の責任を免れたり、組織を守るためにウソをつきます。しかし、彼は私にウソは言わなかった」

　裁判でも、林は罪を全面的に認め、他の法廷でも積極的に事実を証言しました。麻原の裁判では、かつての弟子として最初の証人になりました。

　被害者に対しては、涙ながらに謝罪を繰り返しました。

「私に家族や縁のある人たちがいるように、高橋さん菱沼さんにも家族がいて……この二人は、私が撒いたサリンを……電車を走らせるために片づけたことで亡くなったわけだから……私は医者で、本来、人を助ける職業でありながら、そういう人たちに比べて……」

　被告人質問では、ここまで語ると、堰《せき》を切ったように泣き崩れました。あまりの号泣に、裁判長はいったん休廷を宣言したほどです。再開された後、気を取り直して話し始めた林でしたが、被害者への思いを語る時には、嗚咽《おえつ》を堪《こら》えきれませんでした。

「世の中に、戦争とか、殺人を肯定する部分もあるけど、どんな場合でも、殺すことは許される手段ではない。私が殺してしまった人たちを思う時……私は……やっぱり生きていちゃいけないと……思います」

この強い悔悟は、被害者にも伝わりました。他の関係者には極刑を求めた遺族が、林に対しては具体的な刑の要求をしなかったのです。遺族たちは、彼を決して許したわけではないけれど、ここまで悔いている人に、とても死刑を求められない気持ちになったのでした。

地下鉄サリン事件では、他の実行犯四人には、検察が死刑を求刑し、裁判所は死刑判決を言い渡しています。しかし林の場合は、それだけの事件を自ら申告し、全容解明に多大な貢献をした点が評価され、検察は求刑を無期懲役に留めました。裁判所も無期懲役刑を言い渡し、林が控訴しなかったために一審で確定しました。

それにしても、社会経験も積んでいた彼が、なぜこんな事件を起こすほど、あの教祖を信じてしまったのでしょうか。

彼の取り調べを行った警部補は、捜査が終わった後もずっと考え続けました。裁判で、こんな風に証言しています。

「私見ではありますが、第一に、「現世は三悪趣（という地獄、餓鬼、動物の三界に至るデータ)にまみれている」と麻原に言われると、それが真実であると受け取れてしまうような世の中ではなかったか、ということです。第二に、文化が発達し、難しい勉強をしたとしても、人間はそんなに発達しているのか、ということです。一つの価値観を見せつけられ、それを信じ込んでしまえば、不道徳なこと、違法なことすらやりかねないのが人間なんだな、と」

林自身も、自分がなぜあのような事件を起こせてしまったのか、考えました。

そんな彼に、一冊の本が差し入れられました。スタンレー・ミルグラムというアメリカの心理学者が書いた『服従の心理』(河出文庫)です。

ミルグラムは、一九六〇年代に著名な実験をしています。「記憶と学習に関する科学研究」のためとして募集した被験者を対象に、疑似電気ショック発生器を使って、人は他者に対してどれほど過酷な体罰を与えることができるかを実験したものです。被験者は、学生が与えられた問題への回答を間違うたびに、強い電流を流すことを求められます。被験者が行うのは、電流のスイッチを入れることだけです。誤答が続き、電流が強くなると、学生は苦悶《くもん》し始めます。実際には、電流は流れておらず、学生は演技をしているだけですが、被験者はそれを知りません。うめき声が絶叫に変わっても、被験者は罰を与え続けました。

ナチスドイツのユダヤ人虐殺(ホロコースト)にかかわった人たちは、家庭ではよい夫だったり息子だったりする人たちでした。老人、子どもまで殺害したベトナム戦争でのソンミ村虐殺事件にかかわった米兵もそうです。この戦争では、韓国軍による村民虐殺も報告されています。日頃はごく普通の市民なのに、このように一定の条件下では、指導者の指示に従って、通常は考えられないような残酷なことをやってしまうことがあります。日本軍が戦争中、中国・南京を攻略した際に、少なからぬ非戦闘員の殺害、略奪などを起こした南京事件も同様のことが言えるかもしれません。ミルグラムの実験で、権威の存在、組織のシステムによって、こうした残虐行為にかかわってしまう人間の心理が浮き彫りになりました。

林は、別の信者の裁判に証人として呼ばれた際、この本を読んだ感想を次のように述べています。

「私もナチのことは知っている。小さい時に、(ナチについて書いてある)本を読んでいて吐き気がして、どうして人間ってこんな残酷なことまでできるんだ、と思った。ほかにも、(アメリカの水爆実験で被曝した)第五福竜丸のことや原爆のこと、人種差別のことなどを読みました。そういう被害を与えた人たちは特殊な人たちであり、自分は(彼らとは違って)良心に従って行動できると思っていた。でもそうじゃない。単に、過去の残虐な行為を(知識として)知っているだけでは抑止力にはならない」

人間の心は、特異な環境に置かれれば、残酷な行為もしてしまう弱さを持っているのでしょう。誠実で真面目な人柄や、頭のよさや知識の量、社会経験の豊富さで、その弱さを補えるとは限りません。自分にもそういう心の弱さがあると自覚して、このような特異な環境に陥らないように努めるしかないのかもしれません。

女性信者たち――A子の場合

信者の中には、女性もたくさんいました。

これまで紹介した若い男性信者と同じように、自分の生き方や居場所を求めているうちに、迷い込んでしまった若い女性がいました。

幼い子どもを持つ母親もいました。子育ての悩みを語り合いたくても、夫は仕事が忙しいからと親身になってくれず、孤独を感じている時に、教団関係者が相談に乗ってくれたのをきっかけに傾倒し、結局子どもを連れて、「出家」したという人たちです。

そのほか、家族や恋人がオウムに傾倒し、それに引きずられるように、あるいは後を追いかけて「出家」した人たちもいます。

女性信者は、凶悪事件に直接かかわるよう指示されることは滅多にありませんでした。そのため、裁判で懲役一〇年以上の重刑に処せられた人はいませんでしたが、それでも薬物やサリンを密造したり、事件に関与した人を匿ったり、逃走の手伝いなどに駆り出された女性たちは何人もいました。

たとえば、林郁夫の妻A子は、もともと麻酔科の医師でしたが、夫に説得され、子どもを連れて「出家」しました。教団では、特に違法な活動には従事していませんでしたが、ある時、夫から「尊師を毒ガス攻撃から守らなければならない」と言われ、アメリカで毒ガスや薬物関連の文献調査をするのを手伝いました。

目黒公証役場事務長拉致事件に使用したレンタカーから指紋が検出されたと報じられ、林が、指名手配されていた信者の指紋を切り取る手術を行いました。A子はその際、麻酔医として手伝ったことが、犯人隠避《いんぴ》の罪に問われました。

逮捕された後に、教団が様々な事件を起こしてきたことを知らされ、愕然としたと言います。彼女を含め、周囲の一般信者たちは、不殺生の戒を守り、ゴキブリも蚊もシラミやダニすら殺さないようにしていたからです。

A子が逮捕後に書いた手記の一部が法廷で読み上げられました。

「今よくよく考えてみれば、いかなる屁理屈を積み上げようと、他者を殺害することを是とする信仰があり得るはずがありません。(殺害を肯定する教義)タントラ・ヴァジラヤーナが唱えられた時点で、私はこのオウム真理教団の「信仰」なるものに疑いを持ち、オウム真理教の信仰と実践を捨て、拒否するべきでした。何か変だな、と思ったらそこで踏み止まり、よく考え、それを拒否し、離脱し、天地の真実の真の真理に立って一人で生きる勇気を持つべきでした。オウムの教えは決して「真理」ではない。否、まったく「反真理」でありました。私は勇気を持って疑い、踏み止まり、拒否し、離脱しなかったがために、他の多くの信徒・出家信者とともに、心ならずも未曽有《みぞう》の犯罪集団を支える結果となってしまいました」

教団にいた時、教えに疑問を抱くことなく、無批判につき従ってしまったことについて、法廷で聞かれたA子は悔恨の思いを次のように語りました。

「本当に愚かだったと思います。本当に空しい。何してたんだろうか、と思います」

B子の場合

教祖の側近として教団の武装化や松本・地下鉄両サリン事件で中心的な役割を果たした村井秀夫の妻B子も、夫と共にオウムに「出家」しました。B子は元々化学の研究者でした。ある時、夫もいる場で、教祖から「危険なワークをしてくれるか」と言われ、土谷正実の研究棟でサリンの製造や覚醒剤などの薬物合成などに携わりました。

途中で作っているものがサリンであることを知りました。他の宗教団体トップを暗殺しようとした事件に失敗し、実行犯の新実智光がサリンを吸い込んで瀕死の重傷となったことも、耳に入っていました。土谷がサリン生成の途中で倒れ、痙攣《けいれん》を起こすのも目の当たりにしました。

サリンの恐ろしさは十分に分かっていたはずなのに、B子は作業にかかわり続けました。法廷で、「教団は何のためにサリンを作っていると思っていたのか」と検察官に聞かれたB子は、しばし沈黙した後で、こう答えています。

「……そうですね、具体的には、あまり考えていませんでした」

人を殺傷する事件に使われることは、普通であれば容易に想像できそうなものです。しかし、自分の頭で考えないようにする教団生活を続けていた彼女の心の中では、具体的なイメージが浮かばず、ただただ言われたことを黙々とこなしていたようです。

夫とは教団内で離婚していますが、その理由を、彼女は裁判で「お互いに個人として尊重し合う最高の人間関係を実現しようと思いました」と語っています。村井との信頼関係は、離婚後も変わらなかった、と言います。

強制捜査が始まった後、村井は暴漢に刺され、死亡しました。運び込まれた病院には、輸血用の血液を提供しようと、多くの信者が集まりました。B子もその中にいました。けれども彼女は、元夫に面会することもなく、教団施設に戻っています。その時の心境を、彼女は取調官にこう述べています。

「村井が高い世界に転生するのを妨げることがないようにという気持ちから、あえて面会を求めませんでした」

オウムの中では、あらゆる感情を「煩悩」と否定的にとらえ、滅却すべきと教えています。近しい人の死に臨んでも、嘆き悲しんだりするのは「執着」であり、死にゆく者の魂を惑わせ、高い世界への生まれ変わりを妨害する行為だというのです。

「やはり、その時には悲しみとか寂しさがありましたけれども、それを私は表面に出さないようにしておりました」

感情を抑圧することに慣れすぎたためでしょう、法廷でも、当時の状況を淡々と語って、自分の心情を見せることはありませんでした。

C子の場合

B子と一緒に裁かれたC子も、法廷では自分の思いをほとんど表に出しませんでした。オウムに入る前は看護師で、医師だった中川智正の恋人でした。その中川と一緒に、教団に「出家」したのでした。

後に語ったところでは、「神秘体験」に影響され、教団へ気持ちがのめり込んでいく中川と異なり、C子自身はなかなかその気にならなかったようです。むしろ恋人がオウムのイベントに参加してからどんどん変わってしまい、訳の分からないことを言い出すようになって心配していました。麻原彰晃に会っても、C子にはそれほど「すごい人」とは思えませんでした。むしろ「むさくるしいおっさんだな」というのが第一印象。中川が「出家」を決めた後も、C子は病院に勤務する看護師としての仕事も面白くなってきたところで、「出家」の踏ん切りがつきませんでした。

中川とは別れることも考え、「出家するなら一人でしてください」と告げました。けれども、中川の方がC子に未練があったようです。すると、麻原や教団幹部が相次いで、中川と共に出家するようC子に迫りました。

「あなたがグズグズしているから、中川君が出家できなくて困るじゃないか」「あなたが中川君の足を引っ張っている」……。

次々に責め立てられて辛くなったC子は、自分の疑問や違和感を封じ込め、「出家」に同意したのでした。

教団の中で、C子は中川に頼まれ、二種類の教団の秘密にかかわることになりました。一つは、教祖と女性幹部らとの間に生まれた子どもの世話です。一般の信者は、地下鉄サリン事件後に強制捜査が行われ、多くの報道があるまで、この事実を知りませんでした。

そして、もう一つの秘密は、教団の武装化です。C子には、B子と共にサリンが完成する前段階の仕事が割り当てられました。

逮捕され、殺人予備罪で懲役一年六月の実刑判決を受けたC子は、控訴することなく服役しました。

出所後は知人の助けを受けて、社会の中で静かに暮らし、教団とはかかわっていません。

そんな彼女が、自分の判決から一八年後、東京地裁に現れました。目黒公証役場事務長拉致事件の実行犯として指名手配され、一六年半もの間逃亡を続けていた平田信《まこと》が二〇一一年の大晦日に出頭。その裁判で証言するためです。

平田は、ずっと女性の元信者に匿われ、大阪のアパートに潜んでいました。テレビで東日本大震災の状況を見て、何も非のない方が大勢亡くなっていることに不条理を感じた時、それがオウム事件の被害者と重なって、けじめをつけなければならないと思った、と語っています。飼っていたウサギがその年の夏に死んだこともあり、年内に出頭する決心をしたのでした。

C子は、検察官の問いに答えて、経理の責任者から預かった一〇〇〇万円を逃走資金として平田に渡したことなどを証言。その後、弁護側から聞かれ、教団にいた頃の状況を話しました。

厳しい戒律があり、表では人々の救済を説きながら、教祖が愛人を囲い、社会と摩擦を起こして非合法活動までしている教団の裏の顔を見るにつけ、C子は悩んだそうです。

「自分自身が葛藤状態にいるからつらい。（教団がやっていることは）常識で考えたら（社会にとって）迷惑だろうと葛藤していました。でも、周囲を見渡すと（信者には）つらそうな人がいない。みな、平然としている。なんでだろう……と思った。それで考えているうちに、葛藤するのは自分の修行が至らないためではないかと思ったら、葛藤が消えて楽になりました。それで、「これでいこう」と思ってしまいました」

教団内では、最終解脱した高い境地から、すべてを見通したうえで判断をしている教祖の「深いお考え」を、一般の信者が理解できずに悩むのは、まだまだ修行が足りず、自分の経験や知識、社会の常識や慣習、法律など世俗的な事柄に束縛されているから、とされていました。そうした世俗的価値感を捨て、あれこれ考えず、ひたすら教祖に帰依していれば、悩むことはなくなります。

C子も、葛藤を覚えるのは自分が至らないせいだと思い、あれこれ考えるのをやめて、教団生活に順応していきました。

サリン製造に携わっていた時、誰からも何を作っているのかはっきりと教えられてはいませんでしたが、断片的な情報から、サリンであることはなんとなく分かっていました。

そういう仕事をする時、どのように心の中で折り合いをつけるのでしょうか。この質問に、C子はこう答えました。

「その時は、これが自分に与えられている仕事で、それさえすればよい、と思っていました。後のことは、自分がもっていない、計り知れない能力や知恵をもっている人（つまり教祖)が考えることだ、と」

サリンは、人を殺害する以外に用途はありません。そのような物質を作ることに、C子は罪悪感や負い目のようなものは感じなかったのでしょうか。

「当時は、そういう気持ちをもっておらず、とにかく言われたことをすればいいとしか考えていませんでした」

教団は、通常の方法では救えない人を救済するためとして、殺人を含む暴力的な手法も肯定する「ヴァジラヤーナ」と称する教義で、非合法活動を正当化していました。C子も「これでサリンを作っているのも説明がつくんだな」と思っただけで、それ以上深くは考えませんでした。

当時の自身を、彼女はこう振り返りました。

「教団にいた時は、とにかく自分が責任をもつ、という意識が欠如していて、それを放棄していました。自分が迷いながら判断して行動していたなら、その結果は自分で責任がとれる。でも、あの頃は責任はどっかでとってくれるもの、自分は指示されたことだけやっていればいい、という感じでした。その結果、自分で負いきれない結果が生じてしまいました。あらゆることを自分で判断して、その結果うまくいかない面も自分で引き受けていくことが大事だと思いました」

平田に対する助言を求められ、C子は次のように語りました。

「これから、裁判の結果、命じられた刑を務めなければいけない。それは当然の務めだと思います。でも、それだけだと、償いをした気持ちになれないんじゃないでしょうか。

私も、教団では指示されたことに従って、すべて受け身でした。(刑務所での)懲役も、ただ指示に従う日々でした。その後(刑期を終えてから)、自分自身で葛藤しながら決断して、その結果を引き受けながら日々を過ごすことになりました。そうやって人生を生きてみると、自分の命があり、人とのつながりがあり、生活とか、大事なものができあがってくる。自分にとって大切なものは、ほかの人にとっても大切なもの。その大切なものを、私たちは損なってしまった……。

このことは、刑を務めていた時より、今の方が実感として感じています。死をもって償わなければいけない人たちもいるけれど、もう一度命をもらった者としては、その重みを感じて、精一杯のことをすることが償いと思う。平田さんにも、どこかで誰かに貢献するような生き方をしてもらいたいと思います」

5章

引き寄せられる前に

教祖と弟子の逆転

起訴されて裁判にかけられた教団関係者の多くは、自分が罪に問われた事件や教団内部のことを法廷で語りました。自分の裁判だけでなく、ほかの信者が裁かれる法廷で証言することもありました。

それによって、それぞれの事件でいったい何があったのか、真相は概ね明らかになっています。人の命が奪われた事件や教団の武装化に関しては、教祖からの指示があったことも分っています。

しかし麻原自身は、自分の責任を認めていません。

刑事裁判では、初めに検察官が起訴状を読み上げ、被告人がそれに対する言い分を語る機会が与えられます。この時麻原は、宗教用語を使って心境を述べただけで、事件について何も語りませんでした。

その一方で、公安審査委員会が破壊活動防止法による教団解散を決めるかどうか検討するための手続きでは、彼は実に饒舌《じょうぜつ》に語りました。

殺人をも肯定する教義については、「味の素のようなもの。味の素を入れなくても、醬油《しょうゆ》や味噌で味は出る」などと述べてはぐらかしました。信者に対して常々「グルへの絶対的な帰依」を求めていたのに、「オウムは帰依の対象が複数あって、グルは絶対ではありません」などと弁明。さらに、「弟子が私の言うことを聞かないことが多々あった」「私の権威の失墜の現れです」などと嘆いてみせました。

刑事裁判ではその後、彼は一度長い意見陳述を行いました。たどたどしい英語まじりで、教団の事件へのかかわりは認めたものの、自分に責任はないと主張しました。すべては弟子が勝手にやったこと、というわけです。彼が自ら実行犯を選び、指示も出していた坂本弁護士一家殺害事件すら、三人の幹部が「私たちがやります。やらせて下さい」というのを自分は止めた、と主張。地下鉄サリン事件も、村井秀夫や井上嘉浩に対して「ストップをかけた」のに押し切られた、と述べたのです。

麻原の公判には、事件にかかわった教団幹部らが証人として呼ばれました。かつての弟子たちが証言している間、麻原は繰り返し不規則発言をしました。その中には、明らかな脅し文句もありました。証人に心理的な動揺を与え、審理を妨害しようとしたのでしょう。それでも、弟子たちが証言を続けると、麻原は「こんなばかげたことはやめろ」などと騒ぎ立てました。

裁判長は、そんな麻原をなだめたり叱ったりしながら、審理を進めました。麻原自身は、弟子の証言を聞かされるより、退廷を命じられて拘置所に帰りたかったのです。裁判長は、静かに証言を聞くよう、忍耐強く求めましたが、どうしても不規則発言が収まらず、やむなく退廷を命じたこともありました。

麻原が刑務官に引き立てられ、法廷から出される様子を見て、号泣する元幹部もいました。すべてを捧げた教祖のあまりにも情けない姿に、たまらない気持ちになったのでしょう。

凶悪事件に関与した者たちは、なぜ事件を起こしたのか、自分が実行犯に選ばれたのはどうしてなのか、教祖の口から語ってもらいたい、と切望していました。

坂本事件や松本・地下鉄両サリン事件など一一件の凶悪事件にかかわった中川智正は、麻原公判での証言の最後に、かつての教祖に言いたいことを問われて、こう述べました。

「教団はシヴァ大神や真理勝者方の名前を標榜《ひょうぼう》していたのに、こういう状況になってしまって、それについてはどうお考えなんですか。それを是非、是非、是非、何らかの形で、私たち麻原氏を信じていた人たちに示してほしいと思います。私たちは、サリンを作ったりとか、サリンをばらまいたりとか、人の首を絞めて殺したりとか、そういうことのために出家したんじゃないんです」

そこまで言うと、彼は証言台に突っ伏して大泣きしました。

麻原は、自分の法廷では、次第に意味不明の不規則発言をしたり、居眠りをしたりすることが多くなり、何度も退廷させられました。その様子に、彼は心神耗弱《こうじゃく》、つまり心神の正常な働きが困難な状態に陥ったのではないか、とみる人もいます。

しかし彼は、自分の裁判ではそういうふるまいをする一方で、弟子の裁判に証人として呼ばれた時には、実に合理的な態度をとって証言を回避しています。

証人は、証言を行う前に、宣誓を行わなければなりません。通常は、紙に印刷された「良心に従って真実を述べ、嘘は申しません」という趣旨の宣誓書を読み上げ、それに署名をすることになります。裁判所は、目が見えない彼のために、書記官が代わりに宣誓書を朗読し、彼には署名だけを求めました。

ところが彼は、読み上げられた文と署名する紙に書かれているものが一致するか自分で確かめられないため、「危険だ」と言って、署名を拒否しました。そのため、証人尋問が行えなかったのです。とても心神耗弱状態とは考えられない対応です。

地下鉄サリン事件の実行犯豊田亨と運転役杉本繁郎の法廷では、弁護人が一計を案じました。宣誓の前に、彼に宗教的な話をさせて気分をよくさせ、例によって宣誓を拒否すると「だったら自分で書けば？」と提案。麻原もその気になり、差し出された白紙の用紙に、まず「松本智津夫である私の筆跡以外無効」と書き、杉本の弁護人に文言を教えられながら宣誓文を書いて署名しました。その後に余計な文を書き足されないためでしょう、余白は手で切り取る用心深さでした。

宣誓が成立し、初めて証人尋問が行われましたが、麻原は肝腎の事件については話をはぐらかし、まともに答えようとしません。豊田と杉本の弁護人は、粘り強く質問を続けましたが、彼は、地下鉄サリン事件は井上が考えた計画で、自分はむしろ止めたのだ、という自身の裁判での意見陳述の内容を繰り返すだけで、具体的なことは何も語りませんでした。

最後に、被告人にも尋問する機会が与えられました。杉本が、「被害者の方々に対してどう考えているんですか」と問うと、麻原は「あんまりペラペラと、失礼じゃないか。いい加減に黙ったらどうだ」と言い返しました。それでも杉本は、ひるむことなく、しかし丁寧な言葉遣いと穏やかな口調で質問を重ねました。

「自分の弟子が関与したことは認めたんでしょう？　それについてはどう考えていらっしゃるんですか」

「あなたはかつて、他者の苦しみが分からなければ人々を救うことはできない、と私たちに説いて聞かせてくれましたね」

「今現在、あなたは一連の事件の被害者の苦しみ、悲しみ、怒りが分からないんですか」

「私も豊田君も、被害者の方々に何と申し上げていいのか、言葉すら見つけられないんですよ」

諄々《じゅんじゅん》と諭すように語る様は、師弟が逆転したかのようでした。かつての弟子の真摯な問いかけにも、麻原は黙り込むか口の中でもごもごとつぶやくだけでした。

弟子に説教されるという不愉快な体験をしたからか、その後は、誰の裁判に呼ばれても、彼は宣誓に応じませんでした。

そして、自分の裁判の被告人質問で何も語らないまま、彼は死刑判決を受けました。その日拘置所に戻った彼が、「ちくしょう」などとつぶやいているのを職員が聞いています。

弁護人が控訴しましたが、一審を担当した国選弁護人は全員辞任。控訴審を担当した弁護士が、期日までに出さなければならない書面を提出せず、控訴は棄却されて、控訴審は法廷が開かれないまま終わりました。その決定は最高裁でも維持され、彼の死刑が確定しました。

すべては教祖の思いつき

オウムの取材をしていてつくづく思ったのは、この教団がやることが、あまりに場当たり的、直情的で、杜撰《ずさん》だということです。そこには、教祖の人格が投影されていました。一つ間違えば、警察の捜査対象となり、教団存立の危機にも瀕しかねない、凶悪事件の場合も、そのほとんどに教祖の思いつきが反映し、計画は実におおざっぱでした。

たとえば坂本弁護士一家殺害事件。麻原が突然言い出した指示を聞いた、実行犯の一人早川紀代秀は、驚きのあまり、「弁護士さんをですか?」とつぶやきました。弁護士はあくまで依頼を受けた代理人であり、依頼元である信者の親のグループ「被害者の会」は、坂本弁護士がいなくなれば、別の弁護士に頼むことになるだろうから、果たして意味があるのだろうか、という極めて常識的な疑問です。

これに対して、麻原は「坂本弁護士は「被害者の会」の実質的リーダーだ。このままでは将来、教団にとって大きな障害になる」と言って、坂本弁護士の殺害にこだわりました。仕事帰りの坂本弁護士を、夜の路上で襲って倒し、薬物を注射して殺す殺害方法やメンバーも麻原が決めました。

ところが、事件を実行に移した当日は、1章で述べたように祝日で、坂本弁護士は、早々と帰宅していました。この日が休日であることを知らなかった実行犯らには予想外の展開でしたが、彼らは犯行を中止しませんでした。教祖の指示を、弟子たちが勝手に変更できないからです。そして、坂本弁護士宅に偵察に行き、玄関ドアの鍵が掛かっていないことを知って、電話で報告します。

すると麻原はこう言いました。

「ほほう。じゃ、入ればいいじゃないか。家族も一緒にやるしかないだろう」

日を改めてやり直すとか、計画を練り直すのではなく、その日のうちに坂本弁護士を殺してこい、そのためには家族まで殺害しろ、と言うのです。

いくら寝込みを襲ったとしても、大人二人に抵抗されれば、簡単に薬物を静脈注射できないでしょう。それでも、殺害方法や役割分担を話し合うこともないまま、実行犯らは坂本弁護士の自宅になだれ込みました。六人のうち二人は、指紋をつけないための手袋をつけることすら忘れる杜撰さでした。

自分たちの問題を顧みることなく、教団に不利益な事態が起きているのは坂本弁護士のせいに違いないと思い込み、今すぐに亡き者にしたい。それがすぐに実行されないと気が済まない。そんな麻原のこらえ性のなさが、こうした場当たり的な犯行態様に現れています。

松本サリン事件も、当初は裁判所を狙うはずでした。オウムが当事者となっている裁判が負けそうだという報告を聞いた麻原が、裁判官をターゲットに、サリンの効果を試してみるよう指示したからです。

ところが事件当日、現場指揮者の村井秀夫が寝坊して出発が遅れ、裁判所が開いている時間に到着できなくなりました。それで、実行犯の一人新実智光が、裁判官の官舎を標的に変更することを提案。村井が電話で麻原の了承を得て、住宅街でサリンを噴霧することになったのです。村井も新実も、坂本弁護士一家の事件など、多くの事件に関与しています。教祖の人となりはよく分かっていました。

オウムは、弟子はグルのコピー、あるいはクローンになるように、と教えていました。できるだけ教祖の意向を察し、それに沿うような言動をするように努め、犯罪も含め様々な活動を共にしていく中で、幹部信者たちの中には、教祖の人格が植え付けられていったのでしょう。

そうした弟子に囲まれ、いくつもの事件を起こしながら警察に踏み込まれることもない事態が続いて、麻原は、自分の力をさらに過信していったようです。指示を受けた弟子たちの犯行も、ますます大胆で荒っぽいものになっていきました。

中でも、麻原は村井を重用していました。どんな無理難題にも「できます」「やります」としか言わないイエスマンだったからでしょう。麻原の王国建設などの妄想は、村井とのやりとりの間でどんどんふくらみ、思いつきも一段と荒唐無稽《こうとうむけい》になっていったように見えます。思いつきは、うまくいくとは限りません。実際、オウムがやることには失敗がたくさんありました。総選挙に出馬したけれど惨敗し、生物兵器の開発もうまくいきませんでした。潜水艦を造ろうとしましたが、やはり失敗しました。せめて外観の写真だけ撮っておこうと、クレーンで吊《つる》して海に浮かべてみましたが、クレーンごと海に転落。中にいた信者は、たまたま近くにいたダイバーに救助されました。

それでも、一つひとつの失敗の原因をきちんと究明することはなく、次々に新たな指示が出されます。教祖の欲求と思いつきを、弟子たちは短期間のうちにバタバタと実行する。その繰り返しでした。

村井が力を入れて作ったレーザー銃も、レーザーポインターのように赤い光を発するだけで、なんの威力もありませんでした。にもかかわらず、公証役場事務長を拉致した事件では、これで邪魔者を倒すように、と麻原は指示したのです。実行犯が現場に持っていっても、まったく役立たずでした。

この事件は、資産家の女性を「出家」させて財産を奪い取ろうとしたのに、その女性が心変わりし、行方が分からなくなったことがきっかけでした。弟子の報告を聞き、公証役場事務長をしている兄が女性を隠したのだと思い込んだ麻原が、兄を拉致して、薬物を使って妹の居場所を自白させるように弟子たちに指示しました。

レーザー銃はうまくいきませんでしたが、実行犯となった弟子たちは、教祖の意図を実現しようと、拉致を実行します。人々が行き交う公道で、力ずくで事務長を車に押し込んで連れ去ったのです。

目撃者も多く、警察が捜査に乗り出し、新聞でも報道されました。麻原を含め、教団幹部は強制捜査を避けるにはどうしたらいいかと画策しました。東京都内で開かれた教団のイベントや、そこから帰る教祖専用のリムジン車内でも、話し合いが行われました。

リムジン車内での会話は、幹部の井上嘉浩が詳しく証言しています。

それによれば、麻原は、元旦の『読売新聞』のスクープの後、阪神淡路大震災が起きて、警察がその対応に追われたために、教団は強制捜査を免れた、と考えていました。同じくらいの社会的混乱を引き起こせば、今回も捜査を回避できると思いついたようです。それで村井を中心に、噴霧器を仕込んだアタッシェケースを霞ケ関駅構内に置き、ボツリヌス菌を噴霧させる事件を起こしました。しかし、何の被害も出さずに失敗に終わります。リムジン車内では、まずそのことが話題になり、その後麻原が井上にこう声をかけた、といいます。

「アーナンダ(井上)、何かないか」

井上は、次のように答えました。

「Tではなくて、妖術《ようじゅつ》だったらよかったんでしょうか」

「T」はボツリヌス菌、「妖術」はサリンの隠語だと井上は述べています。

続いて村井が「地下鉄にサリンを撒けばいいんじゃないか」と提案。麻原が「それはパニックになるかもしれないなあ」と応じました。ここから麻原と村井の間でしばらく会話が続き、実行犯として、村井が自分の部下四人の名前を挙げ、麻原が林郁夫も加えるように言いました。同席していた遠藤誠一が、麻原から「サリンは作れるか」と問われ、「条件が整えばできると思います」と答えた場面もありました。

しかし、この車内で最終的な指示は出されずに終わった、と井上は証言しています。この謀議の詳細を語っているのは井上だけですが、遠藤も自分と麻原との会話は認めていますから、この車内で地下鉄サリン事件の最初の謀議がなされたことは間違いないでしょう。

その後の謀議の詳細は、麻原が語らず、村井は殺害されてしまったのではっきりしません。

ただ、遠藤は麻原からサリン製造をせかされ、サリンを合成した後に「まだ純粋な形ではなく、混合物です」と報告した際には、麻原は「いいよ、それで」と答えています。その他、事件に関与した者たちの証言、たとえば犯行後に戻ってきた実行犯をねぎらった状況などから、事件が麻原の指示で行われていたことは間違いありません。裁判所の判決も、そのように判断しています。

地下鉄にサリンを撒き、社会がパニックになれば、強制捜査を先送りできる。通常ではありえない、そんな荒唐無稽な思いつきも、教祖の指示とあれば、「尊師の深いお考え」とされて、誰も疑問を差し挟めないのが、オウム真理教でした。

麻原が裁判で考えを堂々と述べなかったのは、弟子たちに責任をなすりつけて罪を免れようという意図もさることながら、自分の言動はその時々の欲求や思いつきで、「深いお考え」など何もないことを知られるのが怖かったのかもしれません。

暴走を止められなかったのはなぜか

それにしても、なぜ、当時の日本社会はオウムの暴走を止めることができなかったのでしょうか。

一つは、警察や行政が果たすべき役割を果たせていなかったこと。加えて、知識人やメディアの問題を考えなくてはなりません。

坂本弁護士一家殺害事件が起きた時、捜査にあたった神奈川県警は、一家が自発的に失踪した、という見立てをしていました。

現場となった坂本一家の寝室には、壁などに血痕が付着し、カーペットがたわみ、ふすまに重い鏡台が押し付けられた痕が残るなど、明らかに暴力の痕跡がありました。しかも、財布やクレジットカード、まだ一歳だった長男龍彦ちゃんのためのおぶい紐《ひも》やコートなどはそのまま残されており、逆に一家の布団がそっくりなくなっていました。坂本弁護士夫妻は、どちらも車の運転免許を持っていませんでした。お金もカードも持たず、布団をかついで、木枯《こが》らしが吹く季節に赤ちゃんの防寒もせずに、一家揃ってどこへ行くというのでしょう。

捜査は初動が肝腎です。その時に方針を誤ったつけが、長く尾を引くことになりました。

実は、実行犯の一人、岡崎一明が事件の翌年二月、教団から三億円ほどの現金を持って脱走していました。お金は、取り返されてしまいましたが、岡崎は教団に口止め料を要求しました。麻原が渋ると、岡崎は自分が本気であることを麻原に示すために、神奈川県警などに龍彦ちゃんを埋めた場所の地図や写真を添えた手紙を送りつけたのです。現地までの目印なども書かれた分かりやすいもので、場所も正確に記されていました。焦った麻原は金の支払いに応じ、八三〇万円を渡しました。

警察はその手紙を岡崎が出したことは突き止めました。しかし、現地の捜索が十分でなかったために、遺体を発見できず、手紙はいたずらと判断してしまったのです。この時にしっかり捜索を行い、龍彦ちゃんの遺体を発見したうえで岡崎を追及すれば、事件は早期に解決し、その後の事件は起きずにすんだのではないかと悔やまれます。

その後も、オウムは全国各地で地元住民とトラブルを起こしています。中には、教団の進出に反対する住民の自宅を盗聴したり、人を拉致・監禁するなど、明らかな犯罪もありました。それでも、警察は動きませんでした。

一九九五年一月、「被害者の会」の会長が猛毒のＶＸで襲われ、瀕死の重傷を負った時も、警視庁は有機リン系の農薬を飲んだ自殺未遂として扱いました。自殺をするような動機もなければ、農薬を買った事実もなかったのですが……。

公証役場事務長拉致事件で、警視庁はようやく教団の捜査に着手します。ところが、強制捜査を行う直前に地下鉄サリン事件を起こされてしまいました。結局、この時まで、熊本県警が教団の土地購入に絡む国土利用計画法、森林法違反容疑で一度強制捜査に入ったのを除けば、警察がオウムの事件を立件することはありませんでした。

　もちろん、警察も何もやっていなかったわけではありません。九四年末には、山梨県上《かみ》九一色《くいしき》村(現・富士河口湖町)の教団施設周辺の土壌から、サリンの残留物質を検出し、松本サリン事件との関連を調べていました。その結果が、もう少し早く生かされていれば、と残念でなりません。

　動かなかったのは警察だけではありません。教団は、生物兵器や化学兵器を作ろうとして、何度か悪臭を発生する事件を引き起こしています。近隣の住民が保健所などの行政機関に通報したこともありましたが、立ち入り調査などは行われていません。

　警察や行政が消極的だったのは、教団がなにかと「信教の自由」を持ち出し、「宗教弾圧をやめろ」と叫んでいたことや、各都道府県の警察の間での連携が十分でなかった点などもありますが、果たしてそれだけでしょうか。同じような失敗を繰り返さないために、しっかりと検証して欲しいと思います。

　新聞・テレビなどのマスメディア、あるいは知識人の対応はどうだったでしょうか。

　坂本弁護士一家の事件が起きる前、TBSのワイドショーは、教団のイベントを取材する一方、坂本弁護士にもインタビューをしていました。ところが、押しかけてきた教団幹部に局側はそのインタビュービデオを見せてしまったうえ、教団側のクレームに屈して放送をやめてしまいました。しかも、坂本弁護士には何も伝えませんでした。事実を知れば、教団の強硬な対応が分かり、坂本弁護士ももっと警戒したかもしれません。

坂本事件の後、教団が総選挙に出馬すると、民放のワイドショーは、象の帽子をかぶった若い女性信者や麻原の顔のハリボテをかぶった信者たちが踊る姿を伝えるなど、風変わりでおもしろい集団として扱いました。

さらに、テレビの人気バラエティ番組が麻原をスタジオに呼び、好きなように語らせました。「ビートたけしのTVタックル」(テレビ朝日系)でのビートたけしとの対談で、麻原は「私に代わって、オウム真理教の教祖をやってもらってもいいんじゃないですかね」と相手を持ち上げ、たけしも「おもしろいよなあ、麻原さんて」と応じました。「とんねるずの生でダラダラいかせて!!」(日本テレビ系)では、「麻原彰晃の青春人生相談」と銘打って、若者の悩みに答える企画も行われました。そうした番組で、麻原は「ちょっと変わっているけど、精神世界に詳しく、悩みにやさしく答えてくれるおもしろいおじさん」を演じてお茶の間に浸透していきました。

「朝まで生テレビ!」(テレビ朝日系)では、麻原以下オウムの幹部と、別の新興宗教団体の関係者を生出演させ、対決を演出。相手方は教祖が出演しなかったこともあり、オウム側の独壇場となりました。これを見て、オウムに関心を持ち、入信してしまった若者もいます。

オウムは様々な雑誌にも登場しました。オウムについて色々な識者が好意的なコメントを寄せています。坂本事件が発生した直後、宗教学者の中沢新一氏は、オウム「弁護人」として週刊誌に登場。麻原について「とても高度なことを考えている人で高い意識状態を体験している人だと認めています」と絶賛しました。他にも麻原を褒めた宗教学者、博物学者、作家などが何人もいます。麻原の妻を特集した女性雑誌もあります。

こうしたメディアや知識人は、人々のオウムに対する警戒心を解き、広める役割を果たしてしまったと言えます。

一方、オウムが起こしている様々なトラブルや事件については、一部の週刊誌を除いて、なかなか報じませんでした。その理由の一つは、オウムのクレームや訴訟、激しい抗議などを恐れたからです。

オウムは、気に入らない報道があると裁判に訴えました。私(江川)が、オウムについての初めての本を出した時も、まずは出版差し止めの仮処分を、その後損害賠償を求める本裁判を起こしてきました。裁判を起こされれば、それに対応する手間がかかりますし、弁護士を頼むなどお金も必要になり、負担は小さくありません。

信者を使った抗議、関係者の自宅を突き止めての嫌がらせなどもありました。私が宮崎県の旅館経営者拉致・監禁事件を取材していた時には、教団は深夜、私の自宅にホスゲンという毒ガスをまきました。たまたま目が覚めて灯りを付けたところ、犯行の途中で彼らは逃げて行ったため、吸い込んだ量が多くなく、二週間ほど声が出なくなる程度の被害ですみました。気づかずに寝ていたら殺されていたかもしれません。この時も残念ながら、警察には捜査をしてもらえませんでした。

この宮崎の事件は、被害者が機転を利かせて脱出し、その後記者会見を開いたり、インタビューに応じたりしました。あるワイドショーが取材をし、オウム側のコメントを求めたところ、教団の弁護士が「訴えるぞ」と局側を脅しました。その結果、この企画は放送されないことになってしまいました。

メディアは、このような脅しに屈せず、きちんと適切な取材をして報じることが大切で、そういう点でもオウムの事件は大きな教訓を残しました。

逆に、メディアの報道がプラスに働いたこともありました。一九九五年元日、警察が教団施設周辺からサリン残留物を検出したことを読売新聞がスクープしたため、教団は慌てて持っていたサリン等の化学兵器を分解処理しました。その時に分解せずに残っていた中間生成物を使って地下鉄サリン事件は起こされてしまうのですが、読売新聞が記事を出していなければ、純粋なサリンが大量にまかれ、さらに大きな被害になっていたでしょう。

カルトとは何か

オウム真理教のような団体を、しばしば「カルト」と呼びます。カルト、とはなんでしょうか。

語源は、儀礼、儀式、崇拝などを意味するラテン語です。アメリカなどで生まれた、急進的な新宗教を指す言葉として用いられるようになり、カリスマ的指導者を熱狂的に崇拝する新興宗教団体を「カルト」と呼ぶようになりました。

そこから派生して、宗教に限らず、何らかの強固な信念(教義、思想、価値観)を共有し、それを熱烈に支持し、行動する集団を「カルト」と総称するようになりました。中でも、自分たちの目的のために手段を選ばず、社会のルールや人間関係、人の命や人権などを破壊したり損なうことも厭《いと》わない集団を、特に「破壊的カルト」と呼ぶ専門家もいますが、それも含めて単に「カルト」と総称することの方が多いかもしれません。

気をつけたいのは、正統派から「邪教」と批判される宗派が「カルト」とは限らない、ということです。「鰯《いわし》の頭も信心から」などと言いますが、鰯の頭を信仰する宗教を作っても、別に構わないのです。日本国憲法は「思想・良心の自由」(一九条)、「信教の自由」(二〇条)を保障しています。

問題は、その信念を絶対視し、他人の心を支配したり、他の考え方を敵視したりして、人権を害する行為があるかどうかです。一人静かに、時折鰯の頭を拝んでいるだけなら、「カルト」とされるいわれはないでしょう。けれども、勉強や仕事をしなくなって四六時中拝み続け、他人の悩みや弱味につけ込んで仲間に引き入れたり、「これを拝まないと地獄に堕《お》ちるぞ」などと脅してお金をとったりすれば、これは「カルト」と批判されても仕方がありません。

オウムで事件を起こした人たちの証言や手記を見れば分かるように、カルトのメンバーは、元々は社会のルールや人権を損なうような人たちではありません。それが、カルトに心を支配されると、無意識のうちに、アタマの中の思考回路がそっくり、カルト式回路に変えられてしまいます。それを「マインド・コントロール」と呼びます。

体を拘束し、薬物や拷問によって無理やり新たな価値観を注入する「洗脳」と異なり、

「マインド・コントロール」は意思に反した強制的なものとは言えないことが多く、当人はコントロールされているとは気づきません。

この心理操作の技法が注目されるようになったのは、一九七〇年代のアメリカで起きた、パトリシア・ハースト(通称パティ)の事件です。

パティは、大富豪で「新聞王」と呼ばれたハースト家の令嬢で、何一つ不自由なく育ちました。大学二年生の時、彼女は恋人と暮らしているマンションから誘拐《ゆうかい》されます。犯人は、革命家の小集団「共生自由解放軍(SLA)」と称していました。八日後、身代金の要求がありました。「カリフォルニアに住む、すべての貧しい人々に必要な食糧を提供しろ。さもなくば、娘を処刑する」というものでした。

二カ月後、驚くべき事件が起きます。SLAのメンバーが小銃を持って銀行を襲い、市民二人を殺害する事件を起こしたのですが、銀行の防犯カメラには、銃を手に行員に大声で指示を出すパティの姿が映っていました。彼女はSLAのメンバーとなり、ターニャと名乗っていました。ターニャは、キューバの革命家チェ・ゲバラと共に戦った女性戦士の名前です。

誘拐直後のパティは、クローゼットに監禁されましたが、その後は丁寧に扱われていました。同じ年代のSLAメンバーが自分たちの欲得のためではなく、資本主義に抑圧された人々のために闘っていることを教えられ、感銘を受けると同時に、何も知らずに豊かさを享受していた自分に罪の意識を感じたようです。そしてメンバーの議論を聞き、共に生活し、密度の濃い時間を過ごす中で、彼女の心は、短い期間に急激な価値観の変容を遂げてしまったのでした。

捜査機関はＳＬＡの本拠地を見つけて急襲しましたが、パティは逃亡。誘拐事件から一年半後、ようやく逮捕されて裁判にかけられます。両親や友人が獄中の彼女を訪ねていくうちに、パティは本来の自分を取り戻しました。判決は有罪でしたが、複数の有力者・著名人らが嘆願書を出し、大統領の恩赦で服役期間はわずか二二カ月に短縮されました。

重要なのは、彼女のＳＬＡへの参加は、メンバーに強制されたわけではなく、彼女自身が行ったものだ、ということです。価値観の変容が起きると、監視や圧力などを受けなくても、それは維持され、自ら新たな価値観に基づいた行動をとるのです。

それは、カルトのマインド・コントロールも、同じです。

マインド・コントロールとは

長年カルトについて研究してきた社会心理学者の西田公昭・立正大学教授は、人の心（頭）

を部屋に見立て、「カルトへの入信は、部屋の模様替えに似ています」と説明します。

たとえば、いろんなことでつまずいたり、将来への不安が募ったりして、悶々《もんもん》としている。今の自分には、何かが足りないと思えてならない。そんな、これまでの自分の知識や思考方法、すなわち自分の部屋の中にあるものでは問題がうまく解決できない時に、見たこともない、すばらしく役に立ちそうな調度品を、「これはどう？」と見せられ、「こんなものがあったらいいな」と家具を一つ入れ替えてみます。

新しい家具は、あまりに立派で、自分の部屋がみすぼらしく見えてきます。それで、新たな家具と調和する壁紙を提供され、張り替えをします。そうなってくると、他の家具や置物なども変えないとバランスがとれません。こうして、絵画や置物などを次々に提供されるままに、従来のものと取り替えていくうちに、いつの間にか自分らしい部屋から、カルトの色調で統一された〝カルト部屋〟に変わっている、というわけです。

ここであげられた家具や壁紙などのアイテムは、物事を考えるための知識や道徳、理想や目標などのたとえです。それが、自分が本来持っていたものから、カルトのそれへとまったく入れ替わってしまったら、どうなるでしょうか。この入れ替え作業がマインド・コントロールです。

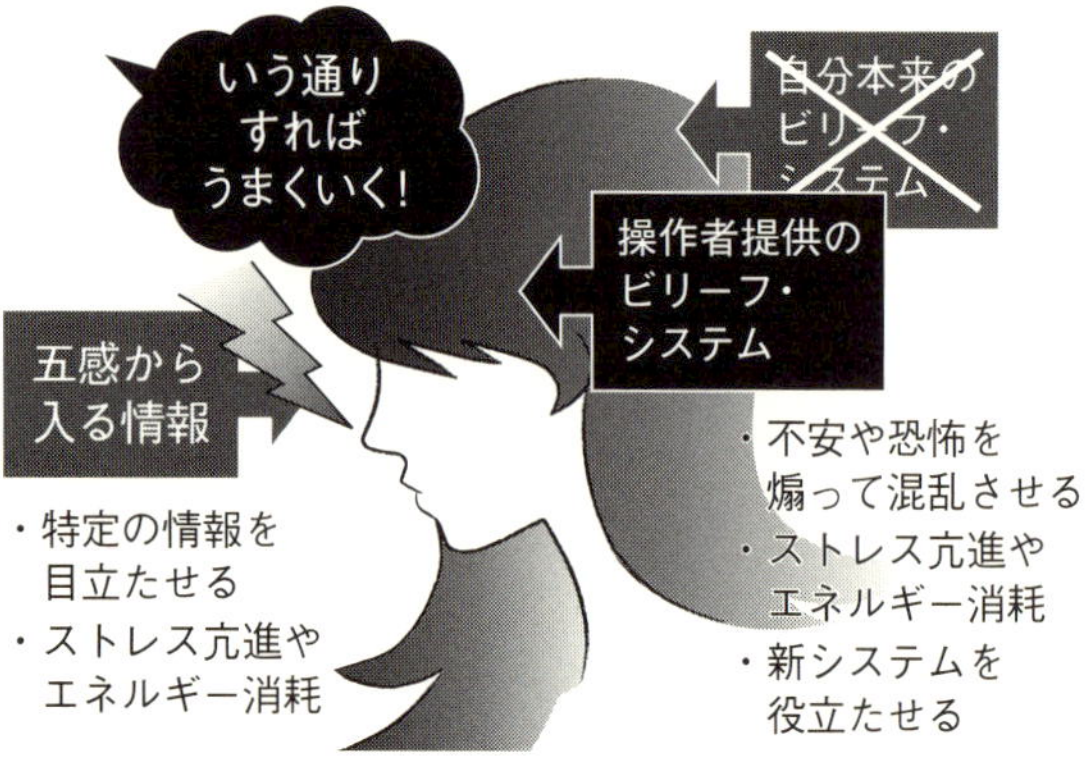

マインド・コントロールの基本戦略（ⓒ立正大学　西田公昭）

カルトは信者の心の部屋の模様替え、つまりマインド・コントロールするために、色々な技法を駆使します。オウムの場合は特に「出家制度」によって、信者は一般の社会と切り離され、生活すべてを厳格に管理されていました。睡眠時間も削られ、食生活は単調で、上からの指示に追いまくられ、考える暇もなく、外からの情報は制限され、内側の情報もコントロールされている状況でした。周囲にいるのは信者ばかりで、異なる価値観に触れる機会もありません。マインド・コントロールが強化され、容易にそこから逃れられない状況でした。

西田教授は、マインド・コントロールの仕組みを、人の頭の中にある「ビリーフ・システム」と、外側からもたらされる「情報」に分けて、図のように説明しています。「ビリーフ・システム」とは、意思決定装置、いわば思考回路です。誰もが、自分の頭の中に、これまで学んだ知識や道徳、理想などを使って物事を考えたり判断したりする思考回路を持っています。ところがカルトに入ると、新たな知識や道徳、理想などを植えつけられ、従来とは異なるカルトのビリーフ・システムが埋め込まれます。信者となって、カルトの思考回路ばかり使っているうちに、従来の回路は錆《さ》びついていきます。元信者がカルトにいた頃を振り返って、よく「カルトにいた時には自分のアタマで考えていなかった」と言いますが、それは、本来の自分の思考回路が錆びついて機能しなくなっていたからです。

そのうえ、カルトは入ってくる情報を制限します。「マスコミ情報は魂が汚れる」などと教え込んで、色々な情報に触れさせないようにします。あるいは教団の施設の中で生活する信者には、外からの情報を遮断し、教団の情報のみを与えるようにします。

このようにしてアタマの中の意思決定装置と入ってくる情報の両方が巧みにコントロールされているのですが、信者はそれに気づかず、あたかも自発的に判断しているような気持ちで、カルトが期待する行動をとります。

嘘はよくない、という良心が働く思考回路は錆びついていますから、組織のためなら平然と嘘をつきます。ヨガ教室や様々なサークルなどを装って人を勧誘したり、騙《だま》してお金を巻き上げたりといった、社会的に批判されるような行為にも、罪悪感を抱きません。教団流の思考回路で考えれば、現実社会に執着している人を騙して教団を結びつけてあげるのはよいことなのです。お金を騙し取るのも、「お金に執着していて地獄に堕ちる人を、教団にお布施をさせて徳を積ませてあげる」と考えるようになるのです。

当初は、カルトに巻き込まれ、自由や財産を奪われる被害者も、そのうち人を勧誘したり、金集めをしたり、あるいは指示された違法行為をやるようになり、加害者になっていきます。気がつかないうちに、カルトの価値観に心を支配され、社会のルールを破ったり、人の命や人権を損なうことも厭わない、カルトの人格になってしまうのが、マインド・コントロールの怖さです。

ただ、外から見て、ある集団がカルトか否かを判断するのは、そう簡単ではありません。こうした組織は、閉鎖的で不透明なことが多く、その実態はなかなか外からは分かりません。一見、やっていることに強い違法性は認められないように思えても、見えにくいところで、人の心を支配し、社会のルールや人間関係、人権を損なうような問題をしていると指摘されている団体もあります。

ですから、カルトから身を守るうえでは、特定の団体を「カルトか、カルトでないか」という二分法で考え、その結論を待って判断するというのは、得策ではありません。それより、一つの価値観に固執し、それまでの人間関係を壊したり、社会の規範から逸脱する行動をとったり、人の権利を損なうような傾向のある場合は、マインド・コントロールを疑い、カルト性が高いのではないかと、よくよく注意し、距離を置いた方がいいと思います。

カルトはいつの世にも跋扈《ばっこ》している

カルトは、どの時代や社会にも現れます。

日本最古の正史『日本書紀』にもカルトらしき集団についての記述があります(現代語訳は筆者による)。

「皇極天皇三年(六四四年)七月《ふみづき》、東《あずま》の国富士川のほとり(今の静岡県)に現れた、大生部多《おおうべのおお》が、人々に虫を祀《まつ》るよう勧め、「これは常世の神である。この神を祀るものは、富と長寿が得られる」と言った。巫女《みこ》たちも神のお告げと偽って、「常世の神を祀ると、貧しい人は富を得、老人は若返る」と語った。これはどんどん広まり、人々は家の財宝を投げ出し、酒を並べ、野菜や六種の家畜(馬・牛・羊・豚・犬・鶏)を道ばたに並べ、「新しい富が入ってきたぞ」と連呼した。都でも田舎でも、常世の虫をとって安置し、歌い踊って福《さいわい》を求め、財宝を投げ出したが、何の益もなく損ばかりが極めて多かった」

民が惑わされているのを見かねて、聖徳太子の側近秦河勝《はたのかわかつ》が大生部多を成敗した、とも書かれています。この虫は、橘や山椒の木につき、体長一二センチ強ということなので、アゲハチョウの幼虫と考えられています。

現代でも、オウムのほかに、先祖の因縁や霊の祟《たた》りを騙《かた》って、印鑑や壺を始め色々な商品を高く売りつける霊感商法や、教祖が女性信者に性的奉仕をさせたり、あるいは病気の人に適切な治療を受けさせず死なせてしまったりする宗教団体がたびたび問題になってきました。

海外でも、カルトをめぐる多くの事件が報告されています。

一九七八年には、アメリカの新興宗教「人民寺院」が、南米のガイアナで集団自殺をし、子どもを含む九〇〇人を超える人が死亡しました。

一九九三年には、児童虐待と銃器不法所持の罪に問われたアメリカの新興宗教「ブランチ・ダビディアン」がテキサス州ウェイコの教団本部で捜査当局と銃撃戦となり、双方に死者が出るなどした挙げ句に籠城《ろうじょう》。その後ＦＢＩ（連邦捜査局）が突入しましたが、この時に教祖のほか、やはり子どもを含む信者八一人が死亡しました。

カルト性の高い宗教以外の集団もある

カルトは、宗教には限りません。過激派など政治的な集団やマルチ商法といった経済的な集団の中にも、カルト性の高いところがあります。

たとえば、一九七〇年代の日本には、連合赤軍という左翼過激派の集団がありました。革命で世界を変革するという理想に燃えた若者たちが、山中で武装訓練をするうちに、リーダーが批判したメンバーを皆でなぶり殺しにするという、壮絶《そうぜつ》なリンチ殺人を繰り返しました。そこから逃れたメンバーが、宿泊施設を占拠し、人質をとって立て籠もり、銃を発砲して警察官ら三人を射殺する「浅間山荘事件」を起こしました。

これなども、閉鎖的な集団の中で、メンバーが歪《ゆが》んだ価値観に心を支配され、反社会的で命や人権をないがしろにする行動を繰り返したカルト的犯罪と言えます。

最近では、シリアやイラクで一時期かなり大きな勢力を誇った、自称「イスラム国（ＩＳ）」があります。イスラム復古主義を標榜しながら「国家」樹立を宣言し、支配地域での徴税や一部の行政を行うなど、宗教的かつ政治的な組織です。インターネットを利用した巧みなプロパガンダを展開。中東だけでなく、ヨーロッパで生まれ育ったイスラム教徒の若者をも引き寄せました。移民の二世や三世が、生まれ育った社会の中で〝よそ者〟として扱われて疎外感を抱いたり、シリアやイラクで空爆などで子どもが殺害されている映像を見て、イスラム同胞を救うための「聖戦」に参加しなければ、という使命感をかき立てられたりして、自ら飛び込んでいった姿には、オウム真理教に身を投じた人たちと重なるものがあります。

　自己啓発セミナーや疑似科学、スピリチュアル系団体など、ほかにもカルト性の高い集団は存在します。

　二〇一〇年一月、人気のロックバンドX JAPANのヴォーカルだったTOSHI（同年にToshl《トシ》と改名）が記者会見を開き、自己啓発セミナー主催団体との決別やそこに彼を引き入れた妻との離婚を公表しました。彼は、団体の広告塔として利用され、酷使されたうえ、稼いだ金の多くは搾取《さくしゅ》されていました。その金額は、一二年間で一〇億円以上に上りました。妻とも長く同居はしておらず、実質的な夫婦ではありませんでした。

　会見で彼は「だまされていたことからやっと目が覚めた」と述べ、団体の被害者に対しては「しかるべき誠実な対応をしたい」と語りました。実際、彼はその後、被害者に対して謝罪をし、和解しました。

カルト問題に詳しく、この自己啓発セミナー主催団体の被害救済にも尽力してきた紀《き》藤《とう》正《まさ》樹《き》弁護士は、「カルトに入ってしまうのは、「タイミングと運」が大きいんです。オウムの信者も、たまたま悩んだり迷ったりしている時に出会ったのがオウムだったのが不運だったわけで、それが既成宗教のボランティア団体などだったら、何の問題もなかった。不運という点では、Ｔｏｓｈｌも同じです」と言います。

彼は、仕事や家族のことで悩みを抱えていた最中に、妻からの誘いでセミナーに参加し、そこでマインド・コントロールされ、セミナーを主催する男性のところにしか救いはないような気持ちになってしまったのでした。

「いわば、交通事故に遭ったようなもの。誰しもが、カルトに取り込まれてしまう可能性があります。自分は大丈夫、と思っていると、それが一番危ない」と紀藤弁護士。

人間は、生まれてから死ぬまで、ずっと順風満帆というわけにはいきません。人間関係に悩んだり、努力が報われなかったり、選択に迷ったりします。病気をする、事故に遭う、父母や友人が亡くなる、恋人と別れる、友達と深刻な喧嘩をする、受験に失敗する、職を失う……こうした予定外の出来事に見舞われることもあります。

そんな時、人はカルトに巻き込まれやすい、と言います。救いの手がさしのべられ、素晴らしい解決法を示されたように思うと、ついつい信じたくなるからです。

「特に、病気の人が病気治癒を信じて、適切な治療を忌避《きひ》する団体に行った時の悲劇は喩《たと》えようもありません。治療して回復できる時期を逃してしまうわけですから。子どもに適切な医療を受けさせずに死なせてしまった親は、カルトから目が覚めてから、本当に自責と後悔の念に苛まれています」

紀藤弁護士によると、特に悩みや迷いの中にいない人に対しても、カルトは悩みを作り出して、引き込んでいくこともあります。

たとえば、進路を決めた人に、「本当に、本当にそれでいいの？」と疑問を投げかけ、「もっと自分に合ったところはないか」と考えさせます。「今が、あなたの人生の分岐点ですよ」と言って、さらに深く悩ませたりもします。そうやって、人を悩みの中に誘い、その答えとして、カルトの価値観を教えていきます。

「だから、人から言われたことを、まじめに受け止めて考える人は、入りやすいんです」

と紀藤弁護士。

「しかも、カルトはカルトの顔をして近づいてきたりはしません。たとえば、ボランティア団体を装って、「人の役に立ちたい」と思っている人に接近したりします。なので騙されたことにも気がつかないことが多いのです」

カルトから身を守るには

そんなカルトから、身を守るにはどうしたらいいでしょうか。

紀藤弁護士は「それでも、よく注意していれば、カルトのサインが見えてくることがあります」と言います。いったい、どんなことに注意すればいいのでしょう。

「第一に、お金の話が出たら要注意です」と紀藤弁護士。途中で会費やセミナー代などを求められたら、これは警戒した方がいい、と言います。その代金が法外なものでなくても、疑ってみましょう。

「第二に、話が最初と違っていたり、何らかの嘘が含まれている場合も注意すべきです」

たとえば、宗教ではないセミナーのはずだったのに、教えている人は、実は宗教団体の教祖や幹部であることが分かった場合。カルトは、宗教であることを隠そうとして、別の形をとって、人を勧誘しようとすることがあります。オウムも、ヨガ教室や様々なサークルを隠れ蓑《みの》にして勧誘活動をしていました。

「第三に、「これは誰にも言っちゃいけない」などと秘密を守らせようとしている場合も気をつけてください」

若者に対しては、親や先生など、大人に言わないよう口止めする場合もあります。本当にいい教えなら、秘密にしたりせず、どんどん公表し、大人たちにも堂々と伝えればいいのです。それを秘密にしようとするのは、まだマインド・コントロールが十分完成していない段階で、大人に反対され、考え直して脱会してしまうことを恐れているのです。こういう場合は、むしろ大人に相談してみることにしましょう。

紀藤弁護士は、そのほか情報をしっかり集めることが大事だと言います。

「自称「イスラム国(IS)」はインターネットを利用したプロパガンダや友人知人を使った伝道活動で、ヨーロッパからも少なからぬ若者を集めましたが、そのうち、現地で行われているのはISが宣伝しているのとは違う、いったん行ったら戻ってこられない、女性は性《せい》奴隷《どれい》にされる、という実態が情報として伝わるようになると、先細りになりました」

オウムについても、マスコミなどが頻繁に伝えている間は、アレフなどの後継団体に取り込まれる人は少なかったのに、情報が少なくなると信者が少し増えてきた、と紀藤弁護士は心配しています。それでも、今はインターネットで多くの情報が流れ、カルト団体からの脱会者が体験談をブログに掲載していたりします。そういう情報を活用することも大切です。ただ、その一方で、ネットで事実を無視した陰謀論や差別的な政治思想を拡散する、新しいタイプのカルト的なグループもあるので、注意も必要です。

では、友達がカルトらしき団体に取り込まれてしまった、という場合はどうでしょう。

その時は、まず自分が近づかないこと。友達に誘われても、断りましょう。友達が心配だからといって、一緒についていったりするのは危険です。4章で紹介した、端本悟の例を思い出して下さい。彼も、友達を救い出そうとして、オウムに近づき、「ミイラ取りがミイラになる」結果となってしまいました。

言ってあげるとすれば、カルトから離れて戻ってくれれば、また友達になれる、ということです。大事な友達がもしカルトに入ってしまったら、どんなに口止めされても、まずは親や先生など、大人に相談しましょう。

study と learn の違い

私は以前、チベット仏教の最高指導者ダライ・ラマ法王に、まっとうな宗教といかがわしいカルトの見分け方を聞いたことがあります。オウムは、チベット仏教の知識を取り入れ、麻原がダライ・ラマ法王などと一緒に撮った写真を宣伝に使うなどしていたからです。

ダライ・ラマ法王はこう言いました。

「study と learn の違いです」

study には「研究する」という意味もあります。研究するには、疑問を持ち、課題を見つけ、多角的に検証することが必要です。一方の learn は、単語や表現を教わり、繰り返し練習して記憶する語学学習のように、知識を習い覚えて身につけることを言います。

「study を許さず、learn ばかりをさせるところは、気をつけなさい」

一人ひとりの心に湧いた疑問や異なる価値観を大切にしなければ、study はできません。それをさせない人や組織からは距離を置いた方がよい、というのが、法王からの忠告です。

「疑う」ことの大事さ

そして、少しでも「変だな」と感じたら、その自分の感性を大事にしましょう。そういう時は、「自分の理解が足りないため」などと思わず、なぜ違和感を覚えたのか、一度相手と少し距離を置いて、じっくり考えてみてください。

4章で紹介した端本悟は、「自分の感性を信じるべきでした」と繰り返しました。この本に手記(3章)を寄せてくれた杉本繁郎は、「疑念や疑問を感じる、その感受性を大切にして下さい」と呼びかけています。

相手は、「もう少しやってみれば分かるから」などと説得するかもしれません。けれども、こういう時は、まずは自分の感性を信じましょう。違和感には、きっと何か理由があるはずです。

その正体が分からなければ、身近な大人に相談したり、友人の意見を聞いたりしてみる。ネットや図書館で、その集団についての情報を集めてみる。こんな風に、考えるための材料は、相手方以外のところに求めてみましょう。すぐに答えが出なくても、「なぜ違和感を覚えたんだろう」という疑問は、置き去りにせず、ずっと大事に持ち続けましょう。疑問を持つ。考え続ける。それが、あなたがカルトから身を守るうえで、一番大事なことだと思います。

紀藤弁護士は、最近の日本では、オウムのように一定の規模を持ったカルトが登場しにくくなる一方で、霊能者や占い師と称する人が、個人や家族、あるいはせいぜい二〇〜三〇人程度の人をマインド・コントロールし、小集団を作るというケースが増えている、と言います。カルトの小粒化です。中には、一対一の〝一人カルト〟現象も出ています。

これは、カルト性のある集団が、そうとは分かりにくい状態で、私たちに近づいてくる可能性が高まっていることを示している、とも言えるでしょう。

その一方で、人々が拠り所を失い、不安が満ち溢れた社会になれば、希望を語る強いカリスマ的リーダーに、多くの人が一挙に心を支配される心配も指摘されています。

先にカルトのマインド・コントロールの仕組みを教えてくださった西田公昭・立正大学教授も、こう言います。

「人間の意思決定装置は不完全です。タイミングさえ合ってしまえば、誰もがマインド・コントロールされて、カルトに巻き込まれる可能性があります。生き方のモデルが見つけられずに迷っている時に、救世主のような人が現れて、「こう生きるのが正しい」と断言されたら、溺《おぼ》れる者は藁《わら》にも縋《すが》ってしまいがちです。社会が不安定で、将来に不安がある時などはなおさらです。かつて、アドルフ・ヒトラーに多くのドイツ国民が熱狂したのは、麻原に信者が心酔したのと、とても似ています」

だからこそ、オウムに取り込まれてしまった人たちの体験から、私たちはよく学んでおかなければ、と思うのです。

おわりに

これは、現在、都内の私立大学に通う秋川祐君(仮名)の浪人時代の出来事です。

東京近郊のX市に住んでいる彼は、毎朝八時半に家を出て予備校に通い、夜一〇時半頃に帰宅する毎日を過ごしていました。

ある日、最寄りのX駅に着き、改札を出て駅前ロータリーに出たところで、二人の女性に声をかけられました。

「アンケート調査にご協力をお願いします」

一人は二〇代前半、もう一人は三〇代くらい。いずれも顔立ちの整った、黒髪のロングヘアで、服装はきちんとしていました。

「いいですよ」

そう答えると、一人の女性が聞いてきました。

「神を信じますか」

秋川君は即答しました。

「信じません」

女性たちは、「でも、五分間だけ聞いてくれませんか」と言って、タブレット端末を示しながら、イエス・キリストの話を始めました。秋川君は、困ったなと思いましたが、いったん「いいですよ」と言ったのに、すぐに振り払うのはよくないような気がして、黙って聞き流していました。

すると、女性たちは「すぐ近くに教会があるので」と誘ってきます。

秋川君は、「もう遅いから帰りたい」と言いましたが、彼女たちは「すぐ終わりますから」と粘ります。

そこでやりとりしているより、行ってすぐに終わらせてもらおうと、秋川君はついていきました。

五分ほど歩いて一軒家に到着。そこには三〇代くらいのスーツ姿の男性がいました。一〇分ほど聖書の話をした後、小さなパンとぶどうジュースを出されました。パンはキリストの肉であり、ジュースは血であるという説明があり、それを口にすることで、「兄弟になれる」

ということでした。

さらに服を脱いでバスローブに着替えるように言われ、浴室につれていかれて、頭に水を掛ける儀式のようなことをされました。紙に、名前や住所も書くよう求められました。秋川君は、言われることをやれば解放されるだろうと、指示に従いました。とにかく早く終わらせて帰りたかったのです。

さきほどの女性たちが「まだまだ話したいことがあるから、来週の土曜日にまた会いましょうね」と言いました。秋川君は、承諾しました。

家に帰ったのは一二時近くになっていました。帰りが遅いので、お母さんが心配して待っていました。

「どうしたの？」

そう聞かれて、秋川君は出来事を話しました。お母さんは驚き、「危ないから、二度と会っちゃだめ」と言いました。秋川君は、もう会わない、と約束し、土曜日には教会に行きませんでした。

すると二日後の月曜日、予備校から帰ってくる秋川君を、あの女性たちと男性三人がX駅の改札で待っていました。

「どうしたんですか？　ずっと待っていたんですよ」

そう言われて、秋川君は悪い事をしたな、と思いました。

「ごめんなさい。親と相談して……」

三人は、「危なくないです。大丈夫です」と説得しようとしましたが、秋川君はお母さんとの約束を守って、断りました。

おそらく、初日に秋川君がおとなしく話を聞いていたので、簡単に取り込めると思ったのでしょう。けれども、会ったその日に、本人の意思確認もしないまま洗礼の儀式のようなことまでさせる性急さは、まともなキリスト教宗派のやることではありません。

心優しい秋川君は、相手が一生懸命話しているのを遮《さえぎ》るのは悪いなと思い、相手にしたがっていました。お母さんに止められなければ、何度も通うことになったでしょう。受験生ということもあり、不安を搔《か》き立てられて、取り込まれていたかもしれません。

駅前では、しばしば同じようなカルト宗教の勧誘活動が行われています。中には、災害があった地域への募金活動やいじめや児童虐待の撲滅など様々な社会問題に関する署名活動を装っている場合もあります。署名は、その場で住所と名前などの個人情報を引き出すのが目的です。

大学のサークル活動、ヨガや瞑想の教室などを装って、近づいてくる場合もあります。身近な人が、教祖が書いた本やイベントのチケットをくれて、誘ってくることもあります。親が信者で、子どもは幼い頃から、その価値観で育てられる〝カルト二世〟の問題もあります。本屋やインターネットで見かけた本や情報に引かれて、自らカルトに近づいてしまう例もあります。

私たちの身近なところに、カルトに入り込んでしまう落とし穴は、いくつも存在します。そこに、いったんはまり込んでしまうとなかなか抜け出すことができません。

その最悪の事例が、オウム真理教のケースです。いくつもの事件を起こし、多くの被害者を出し、そのために悲しい思いをした人がたくさんいます。そのことで、教祖のほか、一二人の元弟子たちが死刑となりました。オウムにかかわったために、彼らの人生も台無しとなり、命を絶たれ、その家族も辛い思いをすることになりました。

ここまで悲惨なことにならなくても、カルトによって人生を破壊された人たちはたくさんいます。

また、そんな彼らを助けようとして人生を奪われた人もいました。オウムのケースで言えば、坂本堤弁護士とその家族です。坂本弁護士の事件については、「生きてかえれ!」(www.

mars.dti.ne.jp/~takizawa/）に詳しく書かれています。

あなたの人生がカルトに奪われないよう、どうかオウムの教訓が一人でも多くの人に伝わり、生かされるよう、願ってやみません。

二〇一九年四月八日（お釈迦様の誕生日。そしてオウムに殺害された坂本堤弁護士の誕生日に）

江川紹子

年表（オウムの動きと国内外の主な動き）

西暦	年号	オウムの動き（＊）・国内の主な動き	海外の主な動き
一九七二	昭和47	連合赤軍・浅間山荘事件	ミュンヘン五輪の選手村でテロ事件
一九七三	48	『日本沈没』『ノストラダムスの大予言』がベストセラーに	第1次オイルショック
一九七四	49	ユリ・ゲラー来日、超能力ブーム こっくりさん、心霊写真ブーム 映画『エクソシスト』が興行収入第1位	パトリシア・ハースト誘拐事件 ウォーターゲート事件により、ニクソン米大統領辞任
一九七五	50		ベトナム戦争終結
一九七六	51	ロッキード事件で田中元首相逮捕	
一九七七	52	ダッカ日航機ハイジャック事件	中国で、文化大革命終結宣言
一九七八	53	日中平和友好条約調印	人民寺院集団自殺事件
一九七九	54	雑誌『ムー』創刊 天中殺ブーム	第2次オイルショック ソ連軍、アフガニスタンに侵攻
一九八〇	55	自動車生産台数世界第1位に	モスクワ五輪開催（日本はボイコット） イラン・イラク戦争開始

一九八三	58	漫画『ぼくの地球を守って』のヒットなど「前世」ブーム	ソ連、大韓航空機を撃墜
一九八四	59	＊オウム神仙の会発足 グリコ森永事件	
一九八五	60	豊田商事会長刺殺事件 ＊『トワイライトゾーン』が麻原の〝空中浮揚〟写真掲載	ソ連のゴルバチョフ政権が「ペレストロイカ」を提唱
一九八六	61	バブル景気が始まる 「霊能者」宜保愛子がテレビで人気 ＊『超能力「秘密の開発法」』『生死を超える』を出版	チェルノブイリ原発で大事故発生 核保有国が保有する核弾頭が7万481万発に達する
一九八七	62	＊丹沢セミナーで麻原が殺人容認の説法 丹波哲郎「大霊界」シリーズが出版 朝日新聞阪神支局襲撃事件 ＊名称を「オウム真理教」に変更	大韓航空機爆破事件
一九八八	63	＊死亡した信者の死体焼却 リクルート事件発覚	
一九八九	昭和64 平成元	昭和から平成へ ＊最初の殺人事件	中国で天安門事件 東欧革命

年表（オウムの動きと国内外の主な動き）

		＊東京都が宗教法人認証 ＊坂本弁護士一家殺害事件 日経平均株価が３万８９１５円をつけ、バブル経済の絶頂	ベルリンの壁崩壊 米ソ首脳会談で冷戦終結宣言
一九九〇	2	＊総選挙に出馬して惨敗 ＊武装化開始 夕張炭鉱、閉山	東西ドイツが統一
一九九一	3	バブル崩壊が始まる 雲仙普賢岳で大火砕流 ＊「朝まで生テレビ！」に出演するなどマスコミを利用したＰＲ	湾岸戦争起きる ユーゴスラビア紛争始まる ソ連崩壊
一九九二	4	佐川急便事件 ＊ロシア支部を開設 ＊有名大学で相次いで麻原の講演会を開く	
一九九三	5	北海道南西沖地震 ＊自動小銃の密造開始 ＊サリン合成に成功	米テキサス州でブランチ・ダビディアン事件 ＥＵ発足
一九九四	6	＊松本サリン事件	ルワンダ虐殺

一九九五	7	阪神・淡路大震災 *地下鉄サリン事件 *警察による強制捜査始まる	オクラホマシティ連邦政府ビル爆破事件
一九九六	8	*宗教法人オウム真理教解散命令が最高裁で確定	
二〇〇〇	12	*教団名を「アレフ」に改称	インターネット・バブルがピークに
二〇〇一	13		米国同時多発テロ事件
二〇〇五	17	*岡崎一明がオウム事件で最初の死刑確定	英ロンドン同時爆破テロ事件
二〇〇六	18	*麻原彰晃の死刑確定	インド・ムンバイ列車爆破事件
二〇〇八	20	*オウム真理教犯罪被害者救済法成立	
二〇一一	23	東日本大震災発生	
二〇一二	24	*特別指名手配されていた元信者3人逮捕	
二〇一四	26		「イスラム国(IS)」の〝建国宣言〟
二〇一八	30	*刑事裁判がすべて終了 *2回にわけて死刑執行	

*印は、オウム関係の事件や動き

参考文献

ここでは、オウムやカルトについて書かれた本、またそこから抜け出すための力になる本、更にはカルト集団から抜け出した人たちの体験をまとめた本を紹介します。

◇オウム事件を知る

高山文彦『麻原彰晃の誕生』（文春新書、二〇〇六年）
江川紹子『救世主の野望――オウム真理教を追って』（文春e-Books、二〇一八年）
江川紹子『オウム事件はなぜ起きたか――魂の虜囚（上・下）』（文春e-Books、二〇一八年）
降幡賢一『オウム法廷』①～⑬（朝日文庫、一九九八～二〇〇四年）
高橋シズヱ『ここにいること――地下鉄サリン事件の遺族として』（岩波書店、二〇〇八年）
村上春樹『アンダーグラウンド』（講談社文庫、一九九九年）
村上春樹『約束された場所で（underground 2）』（文春文庫、二〇〇一年）
アンソニー・トゥー『サリン事件死刑囚――中川智正との対話』（KADOKAWA、二〇一八年）

◇カルト対策
日本脱カルト協会編『カルトからの脱会と回復のための手引き《改訂版》――〈必ず光が見えてくる〉本人・家族・相談者が対話を続けるために』(遠見書房、二〇一四年)
櫻井義秀・大畑昇編著『大学のカルト対策――(カルト問題のフロンティア❶)』(北海道大学出版会、二〇一二年)
山口広、滝本太郎、紀藤正樹『Q&A宗教トラブル110番 第三版』(民事法研究会、二〇一五年)

◇カルトとは何か
藤田庄市『カルト宗教事件の深層――「スピリチュアル・アビュース」の論理』(春秋社、二〇一七年)
島田裕巳『「オウム」は再び現れる』(中公新書ラクレ、二〇一八年)
藤倉善郎『「カルト宗教」取材したらこうだった』(宝島社新書、二〇一二年)
紀藤正樹『決定版 マインド・コントロール』(アスコム、二〇一七年)

◇体験記など
広瀬健一『悔悟――オウム真理教元信徒 広瀬健一の手記』(朝日新聞出版、二〇一九年)
高橋英利『オウムからの帰還』(草思社文庫、二〇一二年)

参考文献

Ｔｏｓｈｌ『洗脳――地獄の12年からの生還』（講談社、二〇一四年）
高田かや『カルト村で生まれました』（文藝春秋、二〇一六年）
高田かや『さよなら、カルト村。』（文藝春秋、二〇一七年）
たもさん『カルト宗教信じてました。』（彩図社、二〇一八年）
いしいさや『よく宗教勧誘に来る人の家に生まれた子の話』（講談社、二〇一七年）
しまだ『ママの推しは教祖様――家族が新興宗教にハマってハチャメチャになったお話』（ＫＡＤＯＫＡＷＡ、二〇一八年）
手持望『カルトの思い出』（ＫＡＤＯＫＡＷＡ／エンターブレイン、二〇一四年）

江川紹子
1958年，東京都生まれ．早稲田大学政治経済学部卒業．神奈川新聞社の社会部記者を経て，フリージャーナリストに．新宗教，災害，冤罪のほか，若者の悩みや生き方の問題に取り組む．95年一連のオウム真理教報道で菊池寛賞を受賞．2020年4月より神奈川大学国際日本学部特任教授．主な著書に『救世主の野望』『オウム事件はなぜ起きたか』(文春e-Books)，『名張毒ブドウ酒殺人事件』(岩波現代文庫)，『私たちも不登校だった』(文春新書)，『勇気ってなんだろう』(岩波ジュニア新書)，共編著に『特捜検察は必要か』(岩波書店)他．

「カルト」はすぐ隣に
——オウムに引き寄せられた若者たち　岩波ジュニア新書 896

2019年6月20日　第1刷発行
2025年4月15日　第5刷発行

著　者　江川紹子《えがわしょうこ》

発行者　坂本政謙

発行所　株式会社 岩波書店
〒101-8002 東京都千代田区一ツ橋 2-5-5
案内 03-5210-4000　営業部 03-5210-4111
ジュニア新書編集部 03-5210-4065
https://www.iwanami.co.jp/

組版　シーズ・プランニング
印刷・理想社　カバー・精興社　製本・中永製本

ISBN 978-4-00-500896-4　　Printed in Japan

岩波ジュニア新書の発足に際して

きみたち若い世代は人生の出発点に立っています。きみたちの未来は大きな可能性に満ち、陽春の日のようにひかり輝いています。勉学に体力づくりに、明るくはつらつとした日々を送っていることでしょう。

しかしながら、現代の社会は、また、さまざまな矛盾をはらんでいます。営々として築かれた人類の歴史のなかで、幾千億の先達《せんだつ》たちの英知と努力によって、未知が究明され、人類の進歩がもたらされ、大きく文化として蓄積されてきました。にもかかわらず現代は、核戦争による人類絶滅の危機、貧富の差をはじめとするさまざまな人間的不平等、社会と科学の発展が一方においてもたらした環境の破壊、エネルギーや食糧問題の不安等々、来るべき二十一世紀を前にして、解決を迫られているたくさんの大きな課題がひしめいています。現実の世界はきわめて厳しく、人類の平和と発展のためには、きみたちの新しい英知と真摯《しんし》な努力が切実に必要とされています。

きみたちの前途には、こうした人類の明日の運命が託されています。ですから、たとえば現在の学校で生じているささいな「学力」の差、あるいは家庭環境などによる条件の違いにとらわれて、自分の将来を見限ったりはしないでほしいと思います。個々人の能力とか才能は、いつどこで開花するか計り知れないものがありますし、努力と鍛練の積み重ねの上にこそ切り開かれるものですから、簡単に可能性を放棄したり、容易に「現実」と妥協したりすることのないようにと願っています。

わたしたちは、これから人生を歩むきみたちが、生きることのほんとうの意味を問い、大きく明日をひらくことを心から期待して、ここに新たに岩波ジュニア新書を創刊します。現実に立ち向かうために必要とする知性、豊かな感性と想像力を、きみたちが自らのなかに育てるのに役立ててもらえるよう、すぐれた執筆者による適切な話題を、豊富な写真や挿絵とともに書き下ろしで提供します。若い世代の良き話し相手として、このシリーズを注目してください。わたしたちもまた、きみたちの明日に刮目《かつもく》しています。（一九七九年六月）

924 過労死しない働き方
―働くリアルを考える
川人　博
過労死や過労自殺に追い込まれる若い人を、どうしたら救えるのか。よりよい働き方・職場のあり方を実例をもとに提案する。

925 障害者とともに働く
藤井克徳
星川安之
「障害のある人の労働」をテーマに様々な企業の事例を紹介。誰もが安心して働ける社会のあり方を考えます。

926 人は見た目！と言うけれど
―私の顔で、自分らしく
外川浩子
見た目が気になる、すべての人へ！「見た目問題」当事者たちの体験などさまざまな視点から、見た目と生き方を問いなおす。

927 地域学をはじめよう
山下祐介
地域固有の歴史や文化等を知ることで、自分・社会・未来が見えてくる。時間と空間を往来しながら、地域学の魅力を伝える。

928 自分を励ます英語名言101
小池直己
佐藤誠司
自分に勇気を与え、励ましてくれるさまざまな先人たちの名句名言に触れながら、自然に英文法の知識が身につく英語学習入門。

929 女の子はどう生きるか
―教えて、上野先生！
上野千鶴子
女の子たちが日常的に抱く疑問やモヤモヤに、上野先生が全力で答えます。自分らしい選択をする力を身につけるための1冊。

930 平安男子の元気な！生活 川村裕子

意外とハードでアクティブだった!? 恋に出世にライバル対決、元祖ビジネスパーソンたちのがんばりを、どうぞご覧あれ☆

931 SDGs時代の国際協力 ―アジアで共に学校をつくる 西村幹子 小野道子 井上儀子

バングラデシュの子どもたちの「学校に行きたい！」を支えて――NGOの取組みから未来をつくるパートナーシップを考える。

932 コミュニケーション力を高める プレゼン・発表術 上坂博亨 大谷孝行 里見安那

パワポスライドの効果的な作り方やスピーチの基本を解説。入試や就活でも役立つ「自己表現」のスキルを身につけよう。

933 確かめてナットク！ 物理の法則 ジョー・ヘルマンス 村岡克紀訳

ロウソクとLED、どっちが高効率？ 物理学は日常的な疑問にも答えます。公式だけじゃない、物理学の醍醐味を味わおう。

934 深掘り！中学数学 ―教科書に書かれていない数学の話 坂間千秋

三角形の内角の和はなぜ180°になる？ なぜ割り算はゼロで割ってはいけない？ なぜマイナス×マイナスはプラスになる？…

935 はじめての哲学 藤田正勝

なぜ生きるのか？ 自分とは何か？ 日常の一歩先にある根源的な問いを、やさしい言葉で解きほぐします。ようこそ、哲学へ。

936 ゲッチョ先生と行く 沖縄自然探検　盛口　満

沖縄島、与那国島、石垣島、西表島、宮古島を中心に、様々な生き物や島の文化を、著名な博物学者がご案内！〔図版多数〕

937 食べものから学ぶ世界史 ―人も自然も壊さない経済とは？　平賀　緑

食べものから「資本主義」を解き明かす！産業革命、戦争…。食べものを「商品」に変えた経済の歴史を紹介。

938 国語をめぐる冒険　渡部泰明・平野多恵・出口智之・田中洋美・仲島ひとみ

世界へ一歩踏み出せば、新しい出会いと成長への機会が待っています。国語を使ってどう生きるか、冒険をモチーフに語ります。

940 俳句のきた道 芭蕉・蕪村・一茶　藤田真一

古典を知れば、俳句がますますおもしろくなる！　個性ゆたかな三俳人の、名句と人生、俳句の心をたっぷり味わえる一冊。

941 AIの時代を生きる ―未来をデザインする創造力と共感力　美馬のゆり

人とAIの未来はどうあるべきか。「創造力と共感力」をキーワードに、よりよい未来のつくり方を語ります。

942 親を頼らないで生きるヒント ―家族のことで悩んでいるあなたへ　コイケ ジュンコ　NPO法人ブリッジフォースマイル協力

虐待やヤングケアラー…、子どもはどのようにSOSを出せばよいのか。社会的養護のもとで育った当事者たちの声を紹介。

943 数理の窓から世界を読みとく ―素数・AI・生物・宇宙をつなぐ 初田哲男 柴藤亮介 編著

数学を使いさまざまな事象を理論的に解明する方法、数理。若手研究者たちが数理を共通言語に、瑞々しい感性で研究を語る。

944 自分を変えたい ―殻を破るためのヒント 宮武久佳

いつも同じメンバーと同じ話題。親に勧められた大学に進学し、楽勝科目で単位を稼ぐ。ずっとこのままでいいのかなあ？

945 ヨーロッパ史入門 原形から近代への胎動 池上俊一

古代ギリシャ・ローマから、文化的統合体としてのヨーロッパの成立、ルネサンスや宗教改革を経て、一七世紀末までを俯瞰。

946 ヨーロッパ史入門 市民革命から現代へ 池上俊一

近代国家の成立や新しい思想の誕生、二度の大戦、アメリカや中国の台頭。「古い大陸」ヨーロッパがたどった近現代を考察。

947 〈読む〉という冒険 イギリス児童文学の森へ 佐藤和哉

アリス、プーさん、ナルニア……名作たちは、本当は何を語っている？「冒険」する読みかた、体験してみませんか。

948 私たちのサステイナビリティ ―まもり、つくり、次世代につなげる 工藤尚悟

「サステイナビリティ」とは何かを、気鋭の研究者が、若い世代に向けて、具体例を交えわかりやすく解説する。

949 進化の謎をとく発生学 ―恐竜も鳥エンハンサーを使っていたか
田村宏治
進化しているのは形ではなく形作り。キーワードは、「エンハンサー」です。進化発生学をもとに、進化の謎に迫ります。

950 漢字ハカセ、研究者になる
笹原宏之
著名な「漢字博士」の著者が、当て字、国字、異体字など様々な漢字にまつわるエピソードを交えて語った、漢字研究者への成長記。

951 作家たちの17歳
千葉俊二
太宰も、賢治も、芥川も、漱石も、まだ「文豪」じゃなかった――十代のころ、彼らは何に悩み、何を決意していたのか?

952 ひらめき！英語迷言教室 ―ジョークのオチを考えよう
右田邦雄
ユーモアあふれる英語迷言やひねりのきいたジョークのオチを考えよう！　笑いながら英語力がアップする英語トレーニング。

953 大絶滅は、また起きるのか？
高橋瑞樹
生物たちの大絶滅が進行中？　過去五度あった大絶滅とは？　絶滅とはどういうことでなぜ問題なのか、様々な生物を例に解説。

954 いま、この惑星で起きていること ―気象予報士の眼に映る世界
森さやか
世界各地で観測される異常気象を気象予報士の立場で解説し、今後を考察する。雑誌『世界』で大好評の連載をまとめた一冊。

955 世界の神話 躍動する女神たち　沖田瑞穂

強い、怖い、ただでは起きない、変わってる⁉ 世界の神話や昔話から、おしとやかなイメージをくつがえす女神たちを紹介！

956 16テーマで知る 鎌倉武士の生活　西田友広

鎌倉武士はどのような人々だったのでしょうか？ 食生活や服装、住居、武芸、恋愛など様々な視点からその姿を描きます。

957 〝正しい〟を疑え！　真山 仁

不安と不信が蔓延する社会において、自分を信じて自分らしく生きるためには何が必要なのか？ 人気作家による特別書下ろし。

958 津田梅子――女子教育を拓く　髙橋裕子

日本の女子教育の道を拓き、シスターフッドを体現した津田梅子の足跡を、最新の研究成果・豊富な資料をもとに解説する。

959 学び合い、発信する技術――アカデミックスキルの基礎　林 直亨

アカデミックスキルはすべての知的活動の基盤。対話、プレゼン、ライティング、リーディングの基礎をやさしく解説します。

960 読解力をきたえる英語名文30　行方昭夫

英語力の基本は「読む力」。先生と生徒の対話形式で、新聞コラムや小説など、とっておきの例文30題の読解と和訳に挑戦！

961 森鷗外、自分を探す　出口智之

文豪で偉い軍医の天才？　激動の時代の感覚に立って作品や資料を読み解けば、自分探しに悩む鷗外の姿が見えてくる。

962 巨大おけを絶やすな！
—日本の食文化を未来へつなぐ　竹内早希子

しょうゆ、みそ、酒を仕込む、巨大な木おけ。途絶えかけた大おけづくりをつなぎ、その輪を全国に広げた奇跡の奮闘記！

963 10代が考えるウクライナ戦争　岩波ジュニア新書編集部編

この戦争を若い世代はどう受け止めているのでしょうか。高校生達の率直な声を聞き、平和について共に考える一冊です。

964 ネット情報におぼれない学び方　梅澤貴典

新しい時代の学びに即した情報の探し方や使い方、更にはアウトプットの方法を図書館司書の立場からアドバイスします。

965 10代の悩みに効くマンガ、あります！　トミヤマユキコ

悩み多き10代を多種多様なマンガを通してお助けします。萎縮したこころとからだがふわっと軽くなること間違いなしの一冊。

966 新種発見物語
—足元から深海まで11人の研究者が行く！　島野智之編著　脇司

虫、魚、貝、鳥、植物、菌など未知の生物の探究にワクワクしながら、分類学の基礎も楽しく身につく、濃厚な入門書。

967 核のごみをどうするか
―もう一つの原発問題
今田高俊
寿楽浩太
中澤高師
原子力発電によって生じる「高レベル放射性廃棄物」をどのように処分すればよいのか。問題解決への道を探る。

968 扉をひらく哲学
―人生の鍵は古典のなかにある
中島隆博・梶原三恵子
納富信留・吉水千鶴子 編著
親との関係、勉強する意味、本当の自分とは？……人生の疑問に、古今東西の書物をひもといて、11人の古典研究者が答えます。

969 在来植物の多様性がカギになる
―日本らしい自然を守りたい
根本正之
日本らしい自然を守るにはどうしたらいい？ 在来植物を保全する方法は？ 自身の保全活動をふまえ、今後を展望する。

970 知りたい気持ちに火をつけろ！
―探究学習は学校図書館におまかせ
木下通子
レポートの資料を探す、データベースで情報検索する……、授業と連携する学校図書館の活用法を紹介します。

971 世界が広がる英文読解
田中健一
英文法は、新しい世界への入り口です。楽しく読む基礎とコツ、教えます。英語力不問、この1冊からはじめよう！

972 都市のくらしと野生動物の未来
高槻成紀
野生動物の本当の姿や生き物同士のつながりを知る機会が減った今。正しく知ることの大切さを、ベテラン生態学者が語ります。

973
ボクの故郷は戦場になった
―樺太の戦争、そしてウクライナへ
重延 浩
1945年8月、ソ連軍が侵攻を開始し、のどかで美しい島は戦場と化した。少年が見た戦争とはどのようなものだったのか。

974
源氏物語入門
高木和子
日本の古典の代表か、色好みの男の恋愛遍歴か。『源氏物語』って、一体何が面白いの？ 千年生きる物語の魅力へようこそ。

975
「よく見る人」と「よく聴く人」
―共生のためのコミュニケーション手法
広瀬浩二郎
相良啓子
目が見えない研究者と耳が聞こえない研究者が、互いの違いを越えてわかり合うためコミュニケーションの可能性を考える。

976
平安のステキな！女性作家たち
川村裕子
早川圭子絵
紫式部、清少納言、和泉式部、道綱母、孝標女。作品の執筆背景や作家同士の関係も解説。ハートを感じる！王朝文学入門書。

977
国連で働く
―世界を支える仕事
植木安弘編著
平和構築や開発支援の活動に長く携わってきた10名が、自らの経験をたどりながら国連の仕事について語ります。

978
農はいのちをつなぐ
宇根 豊
生きものの「いのち」と私たちの「いのち」はつながっている。それを支える「農」とは何かを、いのちが集う田んぼで考える。

979 10代のうちに考えておきたいジェンダーの話
堀内かおる
10代が直面するジェンダーの問題を、未来に向けて具体例から考察。自分ゴトとして考えた先に、多様性を認め合う社会がある。

980 食べものから学ぶ現代社会 ―私たちを動かす資本主義のカラクリ
平賀　緑
食べものから、現代社会のグローバル化、巨大企業、金融化、技術革新を読み解く。『食べものから学ぶ世界史』第2弾。

981 原発事故、ひとりひとりの記憶 ―3・11から今に続くこと
吉田千亜
3・11以来、福島と東京を往復し、人々の声に耳を傾け、寄り添ってきた著者が、今に続く日々を生きる18人の道のりを伝える。

982 縄文時代を解き明かす ―考古学の新たな挑戦
阿部芳郎 編著
人類学、動物学、植物学など異なる分野と力を合わせ、考古学は進化している。第一線の研究者たちが縄文時代の扉を開く！

983 翻訳に挑戦！　名作の英語にふれる
河島弘美
he や she を全部は訳さない？　この人物は「僕」か「おれ」か？　8つの名作文学で翻訳の最初の一歩を体験してみよう！

984 SDGsから考える世界の食料問題
小沼廣幸
アジアなどで長年、食料問題と向き合い、今も邁進する著者が、飢餓人口ゼロに向け、SDGsの視点から課題と解決策を提言。

985
迷いのない人生なんて
―名もなき人の歩んだ道
共同通信社編
共同通信の連載「迷い道」を書籍化。家族との葛藤、仕事の失敗、病気の苦悩…。市井の人々の様々な回り道の人生を描く。

986
ムクウェゲ医師、平和への闘い
―「女性にとって世界最悪の場所」と私たち
立山芽以子
華井和代
八木亜紀子
アフリカ・コンゴの悲劇が私たちのスマホに繋がっている？　ノーベル平和賞受賞医師の闘いと紛争鉱物問題を知り、考えよう。

987
フレーフレー！就活高校生
―高卒で働くことを考える
中島　隆
就職を希望する高校生たちが自分にあった職場を選んで働けるよう、いまの時代に高卒で働くことを様々な観点から考える。

988
野生生物は「やさしさ」だけで守れるか？
―命と向きあう現場から
朝日新聞取材チーム
多様な生物がいる豊かな自然環境を保つために、時にはつらい選択をすることも。悩みながら命と向きあう現場を取材する。

989
〈弱いロボット〉から考える
―人・社会・生きること
岡田美智男
弱さを補いあい、相手の強さを引き出す〈弱いロボット〉は、なぜ必要とされるのか。生きることや社会の在り方と共に考えます。

990
ゼロからの著作権
―学校・社会・SNSの情報ルール
宮武久佳
情報社会において誰もが知っておくべき著作権。基本的な考え方に加え、学校と社会でのルールの違いを丁寧に解説します。

991
データリテラシー入門
――日本の課題を読み解くスキル
友原章典
地球環境や少子高齢化、女性の社会進出など社会の様々な課題を考えるためのデータ分析のスキルをわかりやすく解説します。

992
スポーツを支える仕事
元永知宏
スポーツ通訳、スポーツドクター、選手代理人、チーム広報など、様々な分野でスポーツを支えている仕事を紹介します。

993
おとぎ話はなぜ残酷でハッピーエンドなのか
ウェルズ恵子
異世界の恋人、「話すな」の掟、開けてはいけない部屋――現代に生き続けるおとぎ話は、私たちに何を語るのでしょう。

994
歴史的に考えること
――過去と対話し、未来をつくる
宇田川幸大
なぜ歴史的に考える力が必要なのか。近現代日本の歩みをたどって今との連関を検証し、よりよい未来をつくる意義を提起する。

995
ガチャコン電車血風録
――地方ローカル鉄道再生の物語
土井　勉
地域の人々の「生活の足」を守るにはどうすればよいのか？　近江鉄道の事例をもとに地方ローカル鉄道の未来を考える。

996
自分ゴトとして考える難民問題
――SDGs時代の向き合い方
日下部尚徳
「なぜ、自分の国に住めないの？」彼らが国を出た理由、キャンプでの生活等を丁寧に解説。自分ゴトにする方法が見えてくる。